「国語の時間」と対話する
教室から考える

五味渕典嗣

青土社

「国語の時間」と対話する　目次

「国語の時間」と対話する　教室から考える

はじめに

「教室」に向かって

ふと壁に掛かった時計を見上げると、短い休み時間の終わりが近づいている。いけない、もうこんな時間かとひとりごちながら少し急いで仕度をととのえ、出席簿を片手に教室を出る。歩いていると、教科書とノートを脇に抱えて、大声でじゃれ合いながら特別教室に向かう生徒たちがいる。おう、と一声かけると、親しげな微笑とともにあいさつを返してくる生徒がいる。階段を早足で上がりきって、同じ設計のはずなのに、なぜかフロアごとに雰囲気が違う長い廊下をまっすぐ歩いて行く。目指す教室の前で少し速度を落とし、周囲に異状がないことを目視で確認してトビラを開くと、ガタガタと派手に音を立てながら、慌てて自分の席に戻る生徒がいる。しまったという表情でロッカーに走る生徒たちがいる。そしらぬ顔で直前の授業の板書を消しているのは日直の生徒だろうか。教卓の前に立ち、かるく深呼吸をして顔を上げ、ひとまず席についてはいるらしい生徒たちの様子を目の中に捉える。きょうもまた、いつもと同じようでいて、二度と同じものにはならない教室の時間が始まる——。

かつて勤務していた高等学校の授業で、当時の同僚教員たちとチームを組んで、夏目漱石の『坊っちゃん』を取り上げたことがある。[*1] テクストから何が見えるかは、往々にしてその時々のコンテクストに左右される。教室で高校生たちと『坊っちゃん』を読んだとき、われわれの目に止まったのは、「四国辺のある中学校」に赴任した新人の数学教員「おれ」が、はじめて教壇に立つシーンだった。

いよいよ学校へ出た。初めて教場へはいって高い所へ乗った時は、なんだか変だった。講釈をしながら、おれでも先生が勤まるのかと思った。生徒はやかましい。時々ずぬけた大きな声で先生と言う。先生にはこたえた。今まで物理学校で毎日先生先生と呼びつけていたが、先生と呼ぶのと、呼ばれるのは雲泥の差だ。なんだか足の裏がむずむずする。おれは卑怯な人間ではない、臆病な男でもないが、惜しいことに胆力が欠けている。先生と大きな声をされると、腹の減った時に丸の内で午砲《どん》を聞いたような気がする。最初の一時間はなんだかいいかげんにやってしまった。（『坊っちゃん』三）

ひとは「先生」と呼ばれ、そのように遇されるから人前で「高い所」に立てるのであって、それ以外ではない、ということ。「おれでも先生が勤まるのか」という感慨は、教壇に立ったことがある者なら、誰にも身に覚えがあるはずだ。しかも興味深いのは、新人教員「おれ」が感じたこのいたたまれなさが、すぐれて身体的な感覚を通じて表現されたことである。「先生」と大きな声で呼ばれると「腹の減った時に丸の内で午砲を聞いたような気」になるくらいにドキリとした、と言う。なぜ「むずむず」するのが彼の「足の裏」だったのかも重要だろう。このときの「おれ」が、教壇という「高い所」に立っていたからである。すなわち「おれ」は、空間としての教室を規定する権力の装置を、あやまたず感じ取ってしまっている。

当時の授業実践では、続く二時間目の授業で彼が、「おれは江戸っ子だから君らの言葉は使えない、わからなければ、わかるまで待ってるがいい」と言い放ち、「敵地」と見なした教室に「田舎者」対「江戸っ子」という差別化された表象を持ち込むことで、生徒たちとのコミュニケーションを遮断していく様子を追いかけていった。しかし、ここでは、自身も旧制の中学・高校・大学の教員だった漱石が、教室での最初の授業の記憶を確かに刻みつけていたことに注目したい。一般に教員は、経験を積み、理論を学び、教材研究を積み上げていくことで、学ぶ生徒たちから「先生」と呼ばれるに見合う身体たろうとして、教室に出向いていく。しかし、『坊っちゃん』の最初の授業で「おれ」を襲った緊張と畏れは、本質的には、すべての教員のすべての時間に潜在している。「おれ」は数学の教員だったが、国語科の教員ならなおさらだ。よく言われるように国語科は、個々の生徒たちの内面に触れる可能性が大きい教科である。授業での問いかけから引き出されることばは、ときに、生徒たちなりの経験からつかみ取られたものであり、それぞれが生きた環境との対話が作ってきた倫理観や世界観、彼ら彼女らなりの生のルールの一端が吐露されたものである。つまり、他の教科以上に国語の時間は、教員が生徒たちの他者性と遭遇する機会を潜在させているのである。教室はつねに、他者との出会いの予感に開かれている。

＊

改めて振り返れば、二〇一八年からの二年間は、高校国語がかつて経験したことがない激動の時間としてあった。まずは、一連の経緯を確認しておこう。

二〇一八年三月に告示された高等学校新学習指導要領、同年七月に文部科学省のウェブサイト上で公表された学習指導要領『解説』で具体的に提起された高校国語科の新しいカリキュラム（以下、「新しい国語科」と記す）は、推進者たちが「戦後最大の改革」と豪語するほど、大がかりな変革を企図したものだった。しかも重要なのは、この「改革」が、文科省が強力に推進していた「高大接続改革」と一体的とされたことである。論理的に考えれば、新しい学習指導要領にもとづく授業が三年間行われたあとで、それに即した試験が行われるのがスジというものだ。しかし、今回文科省が目論んだのは、大学入試改革を先行させ、よってもって高校と大学の教育を変える梃子とするトップダウン式の「改革」だった。大学入試を変えれば高校教育はそれに対応せざるを得なくなるだろうし、高校で学ぶ内容が変われば、大学教育も今までどおりではいられないはずだ――。組織としての学校自体を「改革」の抵抗勢力と位置づけたこのプランは、あからさまに政治的な要請から二〇二〇年に紐づけられることで、東京オリンピックと並ぶ、安倍晋三長期政権にとっての「レガシー」となるはずだった。

この「高大接続改革」をめぐっては、早い段階から、大学入学共通テストにおける英語民間試験導入を主な争点として、阿部公彦、大津由紀雄、鳥飼玖美子、南風原朝和、羽藤由美他の各氏が、鋭い批判を展開していた。[*2] 英語科には少し遅れたが、国語科の議論の起爆剤となったのが、二〇一八年九月に刊行された紅野謙介『国語教育の危機　大学入学共通テストと新学習指導要領』（ちくま新書）だったことは疑えない。以後、共通テスト国語での記述式問題導入と「新しい国語科」をめぐって、直接の当事者となる高校生やその家族・関係者など、関係者からの批判と問題提起の声が、堰を切ったように挙げられていった。

メディア関係者もこの動きに呼応した。『現代思想』二〇一九年五月号、『すばる』二〇一九年七月号、『世界』二〇一九年九月号、『文學界』二〇一九年九月号、『中央公論』二〇一九年一二月号など、論壇誌・文芸誌がほぼ毎月のように高校国語関係の記事や特集を掲載する異例の事態が続いた。『読売新聞』『朝日新聞』『毎日新聞』『日本経済新聞』等の新聞各紙も社説や論説でこの問題を取り上げた。週刊誌『ＡＥＲＡ』は、二〇一九年一一月二五日号、二〇二〇年一月二五日号、二〇二〇年三月二日号で、次々と浮上した論点をフォローし続けた。

組織体としての意見の表明やイベントでのディスカッションも多く行われた。二〇一九年一月、日本文芸家協会が「高校・大学「国語」改革についての声明」[*3]を、八月には日本文学研究関係の一六の学協会が連名で、「人文知」軽視を危惧し、新指導要領の「柔軟な運用」を求める見解を発表（「「高等学校国語・新学習指導要領」に関する見解」[*4]）、同じ八月には、日本における科学者の代表機関である日本学術会議が「国語教育の将来　新学習指導要領を問う」と題した公開シンポジウムを開催、高校生や大学生を含む聴衆から、性急な「改革」を疑問視する発言が続いた。なお、日本学術会議は、二〇二〇年六月に提言「高校国語教育の改善に向けて」を公表、前年のシンポジウムを踏まえ、高校国語科の新しい教科書の検定が「柔軟かつ弾力的に」行われるべきこと、将来的な科目編成の再検討を求めていくことを明記した。[*5]新型コロナウイルス問題が水を差すかたちとはなったが、学会・研究会や地域での講演会・勉強会などでも、活発な意見交換が行われた。わたし自身もそのいくつかに参加したが、「新しい国語科」の内容にかかる批判に加え、次から次へと押し寄せる「改革」の嵐に疲れ果て、教員として「やりたいこと」「やるべきこと」が十分にできない不満と、にもかかわらずさらなる「変革」を強いられることへの不安と怒りとが、現場に鬱々とわだかまっていることを強く実感させられた。[*6]

こうした世論の動向は、まちがいなく「改革」の推進者たちを苛立たせた。その象徴が、文部科学行政のトップである大臣の相次ぐ「失言」である。二〇一九年八月、柴山昌彦大臣（当時）は、ＳＮＳで盛り上がりを見せていた入試「改革」批判に対し、自身の公式 twitter で「サイレントマジョリティは賛成です」と投稿。[*7]柴山の後を引き継いだ萩生田光一大臣は、二〇一九年一〇月、BSのテレビ番組で、家庭の経済格差や地域格差が問題視されていた大学入学共通テストにおける英語民間試験の活用をめぐって、「自分の身の丈に合わせて、二回を選んで勝負して頑張ってもらえれば」と発言、それぞれ厳しく追及された。

念のため付け加えれば、これらはうっかり口にしてしまった不規則発言ではまったくない。つまるところ柴山はトップダウン式の「改革」に抗う声には耳を傾けない姿勢を明言し、萩生田は教育の私企業化・サービス産業化の推進を所与の前提とする立場から、進学機会の格差拡大をあからさまに容認したのである。彼らの反応こそ、一九九〇年代以降一貫して推進されてきた教育の新自由主義的改革の論理的な帰結なのであって、まがうかたなき彼らの「ホンネ」に他ならなかった。

しかし、これらの「失言」が、世論の圧力によって引き出されたものであることを忘れるべきではない。SNSを出発点に湧き起こった怒りの渦は、それ以前から行われていた専門家による問題提起と結びつくことで、一過性の反発にとどまらない批判として可視化されていった。メディアの報道に加え、文科省前抗議や「入試改革を考える会」（大内裕和代表）の運動は、入試制度だけではない「改革」の問題点を次々と指摘していった。

その結果、連立与党である公明党から引導を渡されるかたちで、二〇一九年一一月一日、萩生田大臣は共通テストにおける英語民間試験導入「見送り」を決定。一二月一七日には、共通テストでの国語・数学の記述式問題導入の「見送り」を発表した。年末には「大学入試のあり方に関する検討会議」の設置も決まり、期間限定ではあるが、大学入試における英語4技能評価のあり方や記述式出題を含めた検討が行われることになった。こうした事態の展開は、政治的に見れば、「一強」を謳われた安倍政権の「終わりの始まり」を告げるものともなった。

しかし、これで問題が解決したわけではまったくない。文科省は、先述の「あり方検討会議」での議論を待たず、二〇二〇年一月に「令和3年度大学入学者選抜に係る大学入学共通テスト実施大綱の見直し」を公表、あくまで「新しい国語科」の中身を前提とした出題方針を崩していない。新型コロナウイルスの感染拡大は、鳴り物入りで喧伝されてきた「アクティブ・ラーニング」をきわめて困難にしているが、新学習指導要領のコンセプトは維持されたままである。同じく新型コロナウイルスの影響で当初の予定よりは遅れたが、わたしがこれを書いている現在、新学習指導要領にもとづく最初の教科書検定の作業が進行中である（国語科の場合、まずは必履修科目「現代の国語」「言語文化」が対象）。「新しい国語科」が実際の教室に入り込むタイミングが、いよいよ近づいているわけだ。

学習指導要領は文科省の告示として出されるが、法的拘束力を持つとされる。だから、もはや今さら何を言っても遅いのだから、与えられた枠組みの中で対処する他ない、と考える立場もあるのかもしれない。しかし、この二年半の時間は、そうした賢しげな順応主義や「諦めのシニシズム」に陥らない大切さを教えてくれたのではなかったか。むしろいま大切なことは、「新しい国語科」への対立軸を適切につかみ直すことだとわたしは思う。一連の批判の中では、耳目を集めることを優先し、表層的な対立ばかりを強調しようとする主張も散見された。また、共通テストにおける記述式問題導入という、誰がどうみても瑕疵だらけの問題が解消されたことで、より本質的な問題提起が可能になった、とも言える。

加えて、「新しい国語科」に対する疑問は、従来なら考えられなかった新しいつながりの契機となった。当事者たる高校教員、生徒やその家族・関係者だけではない。これから教員を目指す学生たち、教員養成にかかわる大学教員、人文・社会科学の研究者、塾や予備校で教育に携わってこられた方々、出版関係者・メディア関係者などが、それぞれの現場と向き合いながら、これからの教室を考え議論する場面がいくつも生まれた。よって、何より重要なのは、こうした流れを一時のブームにさせないことである。さまざまな立場から寄せられた疑問を再度見直し、提起された論点をもう一度吟味することで、高校国語の「これまで」と「これから」の双方を見すえた抵抗の根拠を作り上げていくことである。

おそらくそのことは、新型コロナウイルスの脅威の中で、教室での授業の価値をどう再定義していくか、という問題とも直結している。これを書いている現在、大学・短大ではオンライン授業環境の整備が進んだ一方で、多くの小・中・高校では、教職員の懸命の努力の上で対面での授業が再開されている。この状況を捉えて、一方では大学にキャンパスでの授業再開の期待が圧力となってのしかかり、小・中・高校には、オンラインによる個別最適化された学習への誘惑が亡霊のように漂っている。しかし、立場によるいたずらな分断は、往々にして統治者にとっての資源に転用される。いま大切なのは、オンラインでも対面でも、教室という「場」でなければできないこと、学習の場面を共有し分かちあうことの意味を、具体的な言葉として鍛えていくことであるはずだ。

「新しい国語科」のカリキュラムが教室を枠取っていく中で、高校国語科は、何を見失ってはいけないのか。たとえコロナ禍の中であっても、教室の内と外で反転攻勢を始めていくために、どんな介入が、どんな現場への後押しができるのか。観察にもとづく状況論的な批判と原理的な問題提起、日々の教室に接続する実践的な提案。この三本の手綱を手放さず、高校の「国語の時間」について、あらためて考えたい。

本書の構成は以下の通りである。

前半の三つの章は、いわば「概説」に当たる部分である。第1章「翻弄される教室――高校国語「改革」をめぐって」では、この書物を書いている現在、実際に教室で使われている教科書のうち、現代文にかかわる内容を概観したうえで、新学習指導要領がデザインした「新しい国語科」のプログラムが、高校の「国語の時間」をどのように変えたがっているかを検討する。今回の「改革」の顕著な特徴は、推進側が「国語の時間」の未来は「この道しかない」として、現場の教員たちをトップダウン式の「改革」に従属させようとした点にある。だが、その性急さに抗おうとする意思を広く訴えたいために、抵抗側の一部から、「国語の時間」にかんする根拠に乏しい臆断が語られてしまう場面もあった。この章では、より望ましい「これから」を考えるために、現在の高校の「国語の時間」では何ができていて、どんな課題を抱えているか、問題の所在をつかみ直すことを目指す。

第2章「未来は誰のものか？——新学習指導要領のイデオロギー」では、「新しい国語科」のキーコンセプトについて議論する。「新しい国語科」をめぐっては、キャッチコピーめいたカタカナ語や耳慣れない翻訳語が飛び交ったが、国語科の教員を名乗る以上、自分たちの使うことばの意味や来歴にはもう少し敏感になった方がよい。ここでは、「Society 5.0」「コンピテンシー」「カリキュラム・マネジメント」の三つの概念に着目、それぞれの背景をたどることから、「新しい国語科」を支える複数のイデオロギーと、それらが潜在させている葛藤の双方について問題化する。

第2章が「新しい国語科」の思想的な背景を問う部分だとすれば、第3章「精読・多読・表現——教員の行為者性《エージェンシー》をめぐって」では、歴史的な経緯に目を向ける。この章では、かつてわたしが在職した高等学校で二〇〇〇年前後に行っていた「国語の時間」での実践を手がかりに、いわゆる「PISAショック」前後の高校国語にかかわる政策動向を検討する。今回問題になった「改革」の道具立てや、教室で生徒たちと向き合う教員の主体性を切り縮めていく方向性は、すでに着々と準備されていたのである。

第4章以降は、「各論」に当たる部分である。第4章・第5章・第6章では、高校国語の現代文分野が取り扱う教材のうち、「小説」「評論」「実用文」を取り上げる。

第4章「小説の教室／教室の小説――『羅生門』『こころ』再読」では、高校国語の「定番教材」である『羅生門』『こころ』の役割について検討する。この二つのテクストは「定番」であるために、つい「分かったつもり」になりがちなところがある。ここでは、とくに『こころ』をめぐって、教科書ごとに採録範囲が異なる状況を確認し、教科書教材をテクストとして読み直す可能性を考えたい。一方、第5章では、評論文の「定番教材」である丸山真男『「である」ことと「する」こと』の教材化のプロセスを問い直す。教科書で丸山の文章は『こころ』以上に多様な本文として現象しているが、文章の教材化にあたっては、教科書というメディアの中に配置することで浮上する批評的な契機と、長いエッセイから特定の箇所を切り出すことの問題の双方を勘案する必要がある。ここでは、教科書ごとの本文のあり方を比較したうえで、評論文に書き込まれた著者の思考と向き合うために必要な観点を共有したい。

第6章では、「新しい国語科」で設置された新科目「文学国語」の「学習指導要領の『解説』」を、「実用文」として読み直す実践を行った。法令や公文書のような「実用文」を分析的・批判的に読むことは、この間の文学研究・文化研究が積極的に取り組んできた実践でもある。この章では、「学習指導要領の『解説』」を脱構築的に読み込んでいくプロセスを通じて、「読むこと」が権力を持つ側と対峙するスキルとして有用であることを論じたい。

第7章では、いわゆる教室での読解指導とは異なる方向性として、近年の文学研究が注目してきた「検閲」というテーマを手がかりに、メディアリテラシーについて考える授業を提案した。この章は、勤務先の附属高校でじっさいに教壇に立った際のノートと資料をもとに、授業の実況中継ふうのスタイルでまとめている。実践報告としてはやや例外的かもしれないが、授業展開や教室で行った作業のねらいをなるべく言語化して記述するように配慮した。授業者の問題意識については、最後に「付記」として補足した。

このほか、各章の中で扱えなかったいくつかのトピックについては、「コラム」を設け、それぞれについて具体的な論点を示すよう努めた。

見られる通り、本書の対象は、高校国語のうち、「現代文」の内容のみを取り上げたものである。これはひとえに、わたしの能力不足の問題である。さいわい、近年は古典文学の側から、研究の場面と中学・高校の教室との接続を問い直す意欲的な仕事が登場している（例えば、井浪真吾『古典教育と古典文学研究を架橋する　国語科教員の古文教材化の手順』文学通信、二〇二〇年[*8]）。よって本書では、わたしの専門である近現代文学研究の立場から何ができるかを考えたい。とはいえ、本書が目指すのは、「現代文」の内容について、こうすればよい授業ができますよ、という「正解」を提示することではない。「国語の時間」が抱えている課題を一挙に解決する万能薬のようなメソッドを示すことでもない。複雑な事態を過度に単純化する言説、一方の立場から他者に結論を押しつけるような言説、一見わかりやすい処方箋を示しているように見える言説を疑い、立ち止まって考えること。これまでの「国語の時間」は、学ぶ生徒たちに、そのような知的態度を求めてきたのではなかったか。

むしろ大切にしたいのは、教材文に対する新たな視点や切り口、教材文から始まる問題の拡がり、ちょっとしたスパイスになる背景知識や話題など、いわば「考えるヒント」を教室の授業者に提示することだ。日本語で書かれた近現代の文学を学ぶ一人として、教材文という素材をどう使えるのか、どう見直せるのか、教室を思考の場へと転化するためにどんな問いが立てられるのか――。教室に向かう教員たちをサポートし、教員たちの授業研究・教材研究を支える「知恵袋」のような存在として、文学研究者の位置を考えたいと思う。あくまで主役は教室の生徒たちであり、彼女ら彼らと向き合う教員たちだと考えるからである。

具体的な論述に入る前に、もう一つだけ。わたしの立場としては、本書で用いる「国語」という語には、すべてカギカッコを付けたいところである。しかし、現にこの名称が教科名として用いられている以上、「国語」という概念が背負ってきた歴史的な問題から目を背けることなく、このことばの持つ閉鎖性と批判的に対峙する姿勢を大切にしたい。そう遠くない将来、学校での「国語の時間」がその名前では呼ばれなくなるとき、どのようなことばの学習／ことばから始まる学習が行われるべきか。そのような問いを見すえながら、喉元にわだかまる違和感を手放さずに、カギカッコなしで国語の二字を使うことにする。

それでは、「国語の時間」を始めよう。

第1章　翻弄される教室

高校国語「改革」をめぐって

1　ずさんな二項対立

高校国語の現代文分野で長く親しまれた教材文の一つに、山崎正和の『水の東西』というエッセイがある。人間にとっての水が、たんに生命維持というだけではなく、文化や思想を育む存在でもあったことを解説する文章である。その中では、このタイトルが端的に示唆している通り、日本における「鹿おどし」、欧米における「噴水」が取り上げられ、比較文化論的な解釈が提示される。こんな具合である。「日本人にとって水は自然に流れる姿が美しいのであり、圧縮したりねじまげたり、粘土のように造型する対象ではなかったのであろう」。

『水の東西』を取り上げた授業の目標は、やや独断的にも見える著者の主張を理解することではない。教室では、この教材文を用いて、思考の手続きとしての「二項対立」「対比」について学ぶことになる。複雑で多様な現象を捉える際に、何かと別の何かを対比させ、いくつかの対を作ったうえで、事態を整理していく。東洋と西洋、時間と空間、自然と人工……。しかし、有用なツールであるからこそ、その使い方には注意が必要だ。二項対立を作っていくことで、ある現象やテクストの構図について、わかりやすい見取り図を作ることができる。しかし、往々にしてそれは、ことがらの複雑さを過度に単純化することを意味してもいる。べつに「鹿おどし」が「東洋」の水の文化を代表するわけではないし、「西洋」も一枚岩ではありえない。また、よく指摘されるように、対になる二つの項は決して等価ではない。「上」と「下」、「善」と「悪」といった例に明らかなように、そこには価値の評価と判断が入り込んでくる。「左翼」と「右翼」が典型だが、とりあえずの枠組みとして設定されたはずの対立がいつのまにか実定化し、あたかも固定した立場と見られてしまう転倒も起きがちである。そのため、視点を変えること、ものごとの捉え方の再考を求めていくことが、「二項対立を超えて」などと仰々しく語られてしまうことにもなる。

『水の東西』が教えてくれるのは、分析概念としての二項対立の有用性と、その危うさである。文章の中で作られた対比や対立に、その著者のものの見方・考え方が反映されている。言い換えれば、二項対立の作り方それ自体に、語る者のイデオロギーが刻まれている。現在の高校の国語の時間は、こうした分析ができるだけの教材と知見を、すでに提示している。

さて、ひるがえって考えてみよう。今回の高校国語「改革」をめぐっては、じつにさまざまな二項対立的な議論が提示された。「論理」対「文学」、「実用」対「文学」、「効率」対「多様性」、「改革」対「守旧」、「講義調の授業」対「アクティブ・ラーニング」――。「改革」を進める側はもちろん、それに反対する側も、もっともらしくわかりやすい対立軸を設定することで、自分たちの主張の妥当性を訴えようとした。「中島敦『山月記』や漱石『こころ』のような、日本人なら誰でも読んだことがある文学作品が、契約書やグラフの読み取りに取って代わられる」といった批判が、その典型である。*1

しかし、こうした短絡は、ともすれば高校国語がこれまで積み上げてきた達成を裏切ることになりかねない。これまでも高校国語は決して「文学」の時間ではなかったし、取り上げられた「文学」も、いわゆる文豪の名作ばかりではなかった。現在の高校国語の「文学」は、安藤宏が言うように、「すでに歴史的評価の定まった芸術品として、小説や詩歌を「博物館の陳列ケース」に並べるような発想」で扱っているわけではない。*2

二項対立によって作られた議論の枠組みを検証するためには、そもそもその二つの項を対とすることの妥当性を問い直すことから始める必要がある。どうして「論理」と「文学」が対の関係に置かれるのか。その場合の「論理」や「文学」はそもそもどう定義されているのか。「実用」と「文学」という二項対立は、いかなる土台の上に作られているのか。一方の立場を「守旧派」と位置づけることで、その文章の書き手は、自らをどんな存在として表象しようとしているのか――。問われるべきは、「新しい国語科」を推進する側のロジックだけではない。まずは、原点に立ち戻って考えてみよう。これまでの「国語の時間」では、いったいどんな学びが行われてきたのか。「論理」対「文学」、「実用」対「文学」という議論の枠組みは、従来の「国語の時間」のどんな点を見えづらくしてしまうのか。

2　国語教科書とポストモダニズム

すでに多く報じられているように、「戦後最大」を自称した高校国語「改革」の目玉の一つが、教科「国語科」の中に置かれる各科目の大幅な変更である。確認の意味で、前回（二〇〇九年告示）の科目構成と、今回のそれとを比較してみよう。

《二〇〇九年告示、二〇一三年度実施》（　）内は単位

必履修科目　国語総合（4）

選択科目　現代文A（2）　現代文B（4）　古典A（2）　古典B（4）　国語表現（3）

《二〇一八年告示、二〇二二年度実施》（　）内は単位

必履修科目　現代の国語（2）　言語文化（2）

選択科目　論理国語（4）　国語表現（4）　文学国語（4）　古典探究（4）

高校における「単位」は、基本的に「週に何回その授業があるか」と考えればほぼ間違いない。現行のカリキュラムの場合、普通科の高校では、一年次に現代文・古文・漢文・表現の四要素を総合的に含んだ科目としての「国語総合」を、二・三年次をまたいで「現代文B」「古文B」をそれぞれ学ぶ、というのが一般的な流れである。大学進学に力を入れている高校や、大学の附属・系列校などでは、文系の進学希望者向けのクラスで、国語の履修単位が標準より多く手当てされる傾向がある。上記の科目に含まれない独自の「学校設置科目」が設定される場合もある。

「新しい国語科」では、従来の必履修科目「国語総合」4単位が、「実社会における国語による諸活動に必要な資質・能力を育成」する科目だという新科目「現代の国語」、「上代から近現代にかけて受け継がれてきた我が国の言語文化への理解を深める」科目としての「言語文化」とに再編された。選択科目には、「論理国語」「国語表現」「文学国語」「古典探究」がそれぞれ4単位科目として設定された。

各科目の内容面の問題については後述するが、まず考えるべきは、「高校の総授業時間は変わらない」ということだ。少し考えれば分かるように、学校は国語だけを学ぶ場所ではない。他教科とのバランスを考えれば、そもそも「国語の時間」に割ける全体の時間数は限られている。その意味で問題なのは、選択科目の単位数が一律で「4」と規定されていることだ。さきに述べたように、従来の「現代文B」「古文B」の場合、4単位を高二・高三の二年間に割り振り、各学年で週二回の授業を設定するというパターンが多かった。同じ枠組みが維持されるなら、各学校は、生徒たちの進路をなるべく開かれたものとするために、つまりは大学進学を含む多様な進路の可能性を担保するために、多くの場合、「論理国語」「古典探究」の二科目を優先させるはずだ。現在の大学入試国語において評論文の出題が多い以上、そうせざるを得ないからである。

だから、科目「文学国語」が4単位の科目として新設されたからといって、「文学」を扱う授業が増えるわけではたぶんない。むしろ、今回の科目編成の基本的なコンセプトは、近現代の「文学」の実質的な縮小であり、そうでなければ矮小化と囲い込みである。必履修科目のレベルでも、近代の文学的文章は、原則として科目「言語文化」の方に追いやられてしまった。だが、ほんとうに大事なのはそのことではない。「新しい国語科」がはらむ問題をより適切に理解するためには、少し遠回りではあるけれど、これまでの高校国語が何を学ぶ時間だったかを確認し、言語化しておく必要がある。

論より証拠。まずは教科書を手に取ってみよう。実際に高校国語の教科書を経年的に並べてみると、時代によって大きく変化していることがよくわかる。以下、手前味噌で恐縮だが、わたしが編集に参加している筑摩書房の教科書を例に、一九八〇年代と現在の目次を比べてみたい。ここでは高校一年生を対象とする必履修科目（「国語Ⅰ」と「国語総合」）を取り上げるが、いわゆる「現代文」分野を問題にしたいので、古文・漢文・表現の部分は省略する。読者各位も、それぞれの「国語の時間」の記憶を思い出してほしい。

《『国語Ⅰ』一九八一年刊行》全三四八ページ
ことばと人生　人間とことばと（臼井吉見）、生まれて（茨木のり子）
小説（一）　羅生門（芥川龍之介）、海の見える町（伊藤整）
随想　めがねの悲しみ（円地文子）、失われた両腕（清岡卓行）
現代詩　室生犀星・三好達治・宮沢賢治・中原中也、想像力（木原孝一）
小説（二）　夜の水泳（小川国夫）、黒い雨（井伏鱒二）
評論　生きることと考えること（中村雄二郎）、雑器の美（柳宗悦）
俳句　俳句遠近（加藤楸邨）、正岡子規・高浜虚子・山口誓子・中村草田男・石田波郷・種田山頭火
ことばと社会　話し合いの機能と形態（編集委員）、梶田富五郎翁を訪ねて（宮本常一）、私の自叙伝（石垣りん）

《『国語総合　改訂版』二〇一七年刊行》全四四八ページ
評論1　水の東西（山崎正和）、テルミヌスの変身（港千尋）
小説1　羅生門（芥川龍之介）

評論2　話を複雑にすることの効用（内田樹）、「食べ物」と「伝統」（西江雅之）、贅沢の条件（山田登世子）
小説2　清兵衛と瓢箪（志賀直哉）、神様（川上弘美）
詩　二十億光年の孤独（谷川俊太郎）、自分の感受性くらい（茨木のり子）、竹（萩原朔太郎）、汚れちまった悲しみに（中原中也）、樹下の二人（高村光太郎）
随想　ある時間、待ってみてください（大江健三郎）、虹の雌雄（蜂飼耳）
評論3　言語と文化（池上嘉彦）、考える身体（三浦雅士）、貧困は自己責任なのか（湯浅誠）
小説3　セメント樽の中の手紙（葉山嘉樹）、とんがり焼の盛衰（村上春樹）
短歌・俳句　恋の歌を読む（俵万智）、短歌、俳句
評論4　情報が世界を動かす（春木良且）、動的平衡（福岡伸一）、バイリンガリズムの政治学（今福龍太）
記録・翻訳　空き缶（林京子）、掟の門（フランツ・カフカ／池内紀訳）
評論5　ホンモノのおカネの作り方（岩井克人）、〈私〉時代のデモクラシー（宇野重規）

こうして見ると、教科書は質量ともにほんとうに分厚くなった。内容的にも、かつての教科書の方にノスタルジーや親和性を感じる読者もいるのではないか。一九八一年版には、ミロの

ヴィーナスの失われた両腕への注目から想像力の大切さを説く清岡卓行のエッセイや、芥川『羅生門』のように、いまなお現役の教材も含まれている。だが、冒頭で臼井吉見と茨木のり子、後半には柳宗悦と石垣りんというラインナップを見ると、いかにも古き良き「文学」と「教養」の香気が漂ってくる。民俗学者・宮本常一が、聞き書きを通じて、対馬の漁村の開拓にかかわった生き証人たる老翁の人生を描き出した『梶田富五郎翁を訪ねて』も、いま読み返すとじつに味わい深いものだ。

しかし、現在の教科書に、「学習のてびき」も含めて一五ページに及ぶ宮本の文章を載せるゆとりはおそらくない。二つの教科書を比較して明らかに分かることは、現行版の教材数の圧倒的な多さである。詩・短歌・俳句を除く教材数は一九八一年版が一三、二〇一七年版が二二。確かにページ数は増えたが、それ以上に教材文が増えているので、個々の文章は短くならざるを得ない。この教科書の守備範囲ではないが、主に高二・高三で扱われる漱石『こころ』や鷗外『舞姫』などの小説教材を例外として、ほぼ六〜八頁、文字数にすると二五〇〇〜四〇〇〇字くらいの文章が収められている。

次に重要なのは、ジャンルの多様性である。現在の高校国語教科書には、じつにさまざまな分野・領域の文章が集成されている。一九八一年版のそれに比べて注目すべきは、いわゆる「評論」の多様さと占有率の高さだろう。言語学や記号論、比較文化論などの人文科学的な内容をベースにしながら、メディア論、現代社会論、政治思想、経済学の入門的な記述などの社会科学にかかわる話題、さらには「理系」的なトピックまでカバーしている。書き手にも、湯浅誠、福岡伸一、宇野重規等、現在各分野の一線で活躍する論客が加わっている（高二・高三向けの「現代文」では、この傾向はさらに顕著なものとなる）。もちろんすべての教材を取り上げることはできないから、教員たちは、教室の生徒たちと向き合う問題意識や関係性を考慮しながら、いくつかの教材をセレクトし、授業の計画を立てていく。とりわけ国語科は、「教科書を教える」というよりは「教科書で教える」教科でもある。教員自身が高校の教室に届けたい文章、生徒たちと共に学びたい文章を探し出し、プリントなどを用いて授業を展開する活動も行われてきた（「自主教材」）。

教材の増加と多様化。もちろんここには、吉見俊哉が皮肉たっぷりに、学部名称の「カンブリア紀的大爆発」と名付けた大学の多様化が影を落としている。[*3] 吉見によれば、大学数の増加に比べ、学部の名称は一九八〇年代半ばまで八〇程度で推移したが、一九九五年には一四六、二〇〇〇年に二三八、二〇一〇年には四八二まで激増した。もちろん、大学入試国語の内容が大学の学士課程（学部）で学ぶ内容と一対一で対応するわけではない。しかし、いまや大学入学者の半数近くを占めるＡＯ・推薦入試も含め、入試の入口が多様化し、その回数も増えれば、取り上げる文章のテーマも多様にならざるを得ない。

だが、高校国語にとって入試対応は制約要因の一つにすぎない。より重要なのは、日本の知的世界に言語論的転回の波が本格的に訪れた一九八〇年代以降、「ことば」を学ぶことの意義が決定的に変化したことだろう。ここでは雑駁に構造主義以降と書いておくが、言語を学ぶことは、人間のあらゆる知的・文化的な営みの土台と位置づけられるようになった。人間は「ことば」で認知した世界を切り分け、「ことば」でそれぞれが生きる世界を織り上げていく。したがって、ソシュール以降の言語論・記号論の基礎を理解できれば社会科学を含む「知」の出発点に立てる、というわけだ。その意味で、この間の高校国語教科書が、経済的な事象としての貨幣や広告を言語記号のアナロジーで考えた岩井克人の仕事を高く評価してきたのは象徴的である。[*4]

石原千秋『教養としての大学受験国語』は、大学入試問題の評論文に近代批判としてのポストモダニズム的な内容が頻出すると指摘したが、[*5]じつは高校国語教科書も、日本におけるポストモダニズムの影響を最も強く受けたメディアの一つなのである。以降、「国語の時間」は、いささか周回遅れではあるけれど、言語論的転回以後の日本語の「知」の潮流とともに歩んできた。この間の高校教科書が、人文・社会・自然科学にかかる評論やエッセイを多く採録してきた理由の一つがここにある。さきの石原の著書をはじめ、高校国語の教科書や大学入試国語の読み直し・学び直しが、一般向け教養書のテーマとなるのも同じ理由からである。

結果、高校国語の守備範囲はとてつもなく広くなった。教員たちは、「理系」＝自然科学を含むさまざまなテーマやトピックにかかる「知」を教室で伝える媒介者＝翻訳者として振る舞うことを求められている。これは、なまなかなことではない。教室の生徒たちを前に、ほとんどあらゆる分野の「知」の紹介者たることが求められているのである。

こうした高校国語の現状については、さまざまな意見がありうると思う。「国語の時間」に社会や経済やメディアや国際関係の話題が取り上げられることに疑問を感じる向きもあるだろう。また、高校教科書に採録される文章は、もとは一般書や学術教養書として公刊された書物の一部なので、学問分野にかかわる専門用語なども多く含まれる場合がある。そのため、日本語を第一言語としない生徒たちにとって適切かについては、専門知を踏まえた検証がなされるべきだとわたしも思う。

だが、一方で高校の「国語の時間」が、多様な進路に開かれた生徒たちを前に、諸学知の「窓」としての役割を果たしてきたことも事実だと思う。教室の生徒たちの進路によっては、文学や科学のことば、経済事象を抽象的に表現することば、社会の問題とていねいに寄り添うことばと時間をかけてじっくり向き合う経験は、高校国語が最後の機会となるかもしれない。あるいは教科書で出会った文章が、新たな興味の入口となって、生徒たちの次のステップにつながる可能性もあるはずだ。少し大仰な言い方をすれば、高校国語は、多くの限界を抱えながらも、この社会の「知」の土台、教養の基礎を支える重要な役割を担ってきた。ある意味で、大学設置基準の大綱化以後、いわゆる教養教育の基礎に当たる部分は、結果的に高校国語（と、おそらくは大学入試問題）が代行してきたとも言える。こうした傾向を批判するのは簡単だが、では国語科が多様な文章に触れさせる機会を手放してしまったとき、どの教科がその役割を担うことになるのだろうか。

ここまでの小括をしておこう。これまでの高校国語は、教室で人文・社会・自然科学にかかわる多様なジャンルの文章を読み、書かれた言葉と対話し、教員と生徒たちが言葉をめぐって対話することで、それをもとに思考する力、その思考を自分なりに表現する力を身につけることを目指す時間としてあった。また、表現された言葉に刻まれた思考の展開や情動の動きをたどり、そこに浮かび上がる論理と向き合うことで、想像する力や感覚のアンテナを鍛えていく時間でもあった。言いかえれば、教員と生徒が教材として提示された文章を前に、その文章を教室で読むことの価値や意義を思考する時間としてあったのである。

3　「現代の国語」「言語文化」の思想

ここまで、少し視野を広く取って、高校国語の現在地を確認してきた。では、「新しい国語科」は、従来の「国語の時間」の問題をどう捉え、どんな処方箋を提示しているのか。

そもそも学習指導要領の改訂は、時々の日本の学校や教育が抱えるさまざまな「問題」への対策・応答として行われる体裁を取っている。今回の主要なターゲットが高校教育にあったことは明らかだ。国語科・地理歴史科・外国語科は全科目が新設、公民科では「現代社会」が廃止され、新科目「公共」が必修化されるなど、全体で半数近くの科目が変更された。[*6] 国語科でも、「改革」に向かう意気込みはたいへんなものだ。二〇一八年七月に発表された『高等学校学習指導要領解説　国語編』（以下、『解説』と略記）は、本文だけで二八二ページ。文科省のウェブサイトにアーカイブされている前回（二〇〇九年）の『解説』が全七九ページなので、おおよそ三・五倍もの分量となる。

では、「新しい国語科」を支える現状把握を確認しておこう。『解説』の六ページ目、「第二節　国語科改訂の趣旨及び要点」では、小中高の国語科について、二〇一六年一二月の中央教育審議会答申が記述した四つの課題が箇条書きで紹介されている。やや冗長になるが、その概要を確認しておきたい（行論の都合上、かりに①〜④の番号を付している）。

①　ＰＩＳＡ二〇一五（平成二七年実施）で、読解力の得点が「有意に低下」した。この結果は、同調査が子どもたちが不慣れなコンピュータテストに移行した結果とも考えられるが、その影響に加え、「情報化の進展に伴い、特に子供にとって言葉を取り巻く環境が変化する中で、読解力に関して改善すべき課題が明らかになった」。

②　全国学力・学習状況調査等の結果によると、小学校では、文における主語を捉えることや文の構成を理解したり表現の工夫を捉えたりすること、目的に応じて文章を要約したり複数の状況を関連付けて理解を深めたりすることなどに課題がある。中学校では、根拠を明確にして書いたり話したりすること、複数の資料から適切な情報を得て比較したり関連付けたり

すること、文章の根拠の明確さや表現の仕方等について評価することなどに課題がある。

③　小中学校では「言語活動の充実を踏まえた授業改善が図られている」が、依然として教材への依存度が高い。

④　高等学校では、教材への依存度が高く、主体的な言語活動が軽視され、依然として講義調の伝達型授業に偏っている。また、文章の内容や表現の仕方を評価し目的に応じて適切に活用すること、多様なメディアから読み取ったことを踏まえて自分の考えを表現すること、古典に対する学習意欲が低いことなどが課題である。

役所が作る公的文書の特徴の一つは、課題を記述する文言の中に、「これからなされるであろう対処」があらかじめ書き込まれることだ。上記①の記述に、いわゆる「ＩＣＴ教育」への志向性が含まれることは明らかだし（いまや教育は、情報メディア産業にとっての一大公共事業である）、③・④の文言は、キャッチコピー的に「主体的・対話的で深い学び」と表現された、いわゆる「アクティブ・ラーニング」につながる内容だろう。

問いは答えを規定する。適切な解を得たければ、問いの立て方を熟慮する必要がある。逆に言えば、問題の捉え方に問題があると、そこから導出される解もねじれてしまうことになる。今回提案された「新しい国語科」の中身にも、そのような「ねじれ」が看取できる。

紅野謙介は、学習指導要領執筆の関係者も参加した「解説の解説本」の内容も含め、「新しい国語科」が新設した科目の中身についての詳細な検討を行っている。[*7] ここでは、紅野の批判も参照しながら、現代文分野にかかわる四科目「現代の国語」「言語文化」「論理国語」「文学国語」の問題点を瞥見しておきたい。

まずは「現代の国語」から。今回示された「新しい国語科」の科目編成の特徴は、①全体的な方向性としては、国際学力調査であるPISAへの対応に強く引きずられる一方で、②そこで落とされたものを無理に取り繕おうとした結果、③これまで高校国語が積み上げてきた知見や蓄積を空洞化・形骸化させるおそれをはらんだものとなっている。

そのことは、新設された必履修科目「現代の国語」(2単位)と「言語文化」(2単位)の切り分け方に象徴されている。この二つの科目は、現行の必履修科目「国語総合」(4単位)から、いわゆる「現代文」「古典」を取り出したものではない。また「現代の国語」は、一九六〇年の学習指導要領で設置された科目「現代国語」とも似て非なるものである。[*8]

では、科目「現代の国語」ではいったい何を学ぶのか。『解説』は、「実社会における国語による諸活動に必要な資質・能力の育成に主眼を置く」科目と定義した上で、「ねらい」を次のように記述している。

小学校及び中学校国語科と密接に関連し、その内容を発展させ、総合的な言語能力を育成する科目として、選択科目や他の教科・科目等の学習の基盤、とりわけ言語活動の充実に資する国語の資質・能力、社会人として生活するために必要な国語の資質・能力の基礎を確実に身に付けることをねらいとしている。（68ページ）

総論はよいと思う。問題は、この「ねらい」に向けて用意されるプログラムである。すでに多くの論者も指摘するように、この科目の顕著な特徴は二つある。ひとつは「話す・聞く」「書く」活動への過度な傾斜。もうひとつは、「実用的な文章」への過度な選好である。

まずは前者から。「現代の国語」では、ことばにかかわる四つの技能（話す、聞く、書く、読む。英語科「改革」で強調された4技能だ）が三つに区分され、次の授業時数を割り当てるよう指示されている。

話すこと・聞くこと　20〜30単位時間程度
書くこと　30〜40単位時間程度
読むこと　10〜20単位時間程度

明らかにインプットよりもアウトプットを重視した配分である。高校での1単位は35単位時間（＝35回の授業）とされているので、この配分に従うなら、「読むこと」に割り当てられるのは最大でも20／70、つまり三割以下の時間数となる。こうした要請が、「読解力」と並んで

「表現力」に課題があるとされたＰＩＳＡ調査の結果を意識したものであることは見やすい。もうひとつの特徴は、この科目が取り上げさせたい教材やテーマにかかわるものだ。「現代の国語」で「読む」文章には、あからさまな制約がかけられている。『解説』では、この科目での「教材の取り扱い」として、以下の文言が記されている。

論理的な文章とは、説明文、論説文や解説文、評論文、意見文や批評文などのことである。現代の社会生活に必要とされる論理的な文章とは、これらのうち、「言語文化」で扱うような、これまで読み継がれてきた文化的な価値の高い文章ではなく、主として、現代の社会生活に関するテーマを取り上げていたり、現代の社会生活に必要な論理の展開が工夫されていたりするものなどを指している。

一方、実用的な文章とは、一般的には、実社会において、具体的な何かの目的やねらいを達するために書かれた文章のことであり、新聞や広報誌など報道や広報の文章、案内、紹介、連絡、依頼などの文章や手紙のほか、会議や裁判などの記録、報告書、説明書、企画書、提案書などの実務的な文章、法令文、キャッチフレーズ、宣伝の文章などがある。また、インターネット上の様々な文章や電子メールの多くも、実務的な文章の一種と考えることができる。〔略〕

論理的な文章も実用的な文章も、小説、物語、詩、短歌、俳句などの文学的文章を除いた

文章である。（106ページ。ゴチック体は本文、傍線は引用者による。以下同じ）

念のために書いておくが、これは学習指導要領本体の記述ではない。かつて世界史教科書の教科書検定を担当した新保良明は、「検定意見の根拠になるのはあくまでも「学習指導要領」で、これは法的効力を有するが、その『解説書』自体は検定の根拠にならなかったことを確認しておきたい」と書いた。[*9] だが、それにしても、この定義はどうだろう。文部科学省という国家機関の署名を持つ文章で、「文学的文章」は、論理的でも実用的でもない文章と規定されてしまったのである。文学好きならずとも、広く人文学や文化を大切にしたいと考える心ある者は、この定義には真剣に怒るべきだとわたしは思う。「これまで読み継がれてきた文化的な価値が高い文章」は、「現代の社会生活に必要とされる論理的な文章」ではない、と明言されてしまったのだから。この『解説』の書き手は、まるで「現代の社会生活」には「文化的な価値」は必要がない、と主張したいかのようだ。

しかも、すでに清水良典が指摘しているが、この部分は『解説』が文科省のウェブサイトで公開されたタイミング（二〇一八年七月）から、二〇一九年三月に冊子体として公刊される間に、ひそかに改訂が加えられた箇所でもある。「表紙には「平成30年7月」と記載されているにもかかわらず、部分的な文言が変更されていたのである」[*10]。最初のヴァージョンでは、引用の最後が「論理的な文章も実用的な文章も、事実に基づき虚構性を排したノンフィクション（小説、物語、詩、短歌、俳句などの文学作品を除いた、いわゆる非文学）の文章である」と書かれていた。

神は細部に宿る。かつてフロイトは、ちょっとした言い落としや言い誤りに、その発話者の無意識が露呈すると教えてくれた。だから問題は、単に「非文学」という奇妙な言いまわしが消去されたことにはない。なぜ「事実に基づき虚構性を排したノンフィクション」という一節が消されてしまったのか。それはおそらく、『解説』の書き手の〔無自覚な〕防衛反応だろう。

わたしが愛用する『新明解国語辞典』〔三省堂〕で「実社会」を引いてみると、現在でこそ「実際の社会」と味も素っ気もないけれど、一九九九年刊行の第五版では、いかにもこの辞典らしく、次のように説明されていた。

じっしゃかい【実社会】実際の社会。〔美化・様式化されたものとは違って複雑で、虚偽と欺瞞とが充満し、毎日が試練の連続であると言える、きびしい社会を指す〕

「新しい国語科」の特質を「「実社会」コンプレックス」と看破した日比嘉高は、「高校新学習指導要領の国語に一二度に渡って繰り返される「実社会」の語は、虚なる学校から、実なる世間へと放たれた、切ないラブ・コールに他ならない」と書きつけた。[*11] しかし、ジャンルとしてのノンフィクションやルポルタージュなど、広く社会問題を意識したテクストは、ある種の小説と同じく、「事実」に依拠しつつ、このような意味での複雑できびしい「実社会」を描いてきたのではなかったか。だから、むしろここで隠蔽されているのは、「実社会」「実用」という語義の縮減であり、特定の立場への誘導の方なのだ。

第2章でも詳述するが、この『解説』では、「実用」の中身が、「社会」というより「会社」=企業での用いられる類の文章へと切り縮められている。ここには引用しなかったが、「実用的な文章」の中には、図表や写真・グラフなどの視覚資料と組み合わされたものを含むというのだから、それも明らかにPISA対応の一環だろう。これらの例に徴しても、「現代の国語」という科目が、どちらの側を向いて作られた科目かは瞭然である。

では、もう一つの必履修科目である「言語文化」はどうなのか。

元来PISA調査は国際比較が目的なので、日本の「国語の時間」の内容とは必ずしも重ならないところがある。では、「新しい国語科」は、日本語による文化や伝統を軽視しているのか？　——もうひとつの必履修科目「言語文化」は、そうした批判を見越して作られたものだろう。科目名称こそ一見価値中立的だが、その内実は古色蒼然たる文化ナショナリズムに貫かれている。

『解説』によれば、この科目は「国際社会に対する理解を深めるとともに、自らのアイデンティティーを見極め、我が国の一員としての責任と自覚を深めること」「先人が築き上げてきた伝統と文化を尊重し、豊かな感性や情緒を養い、我が国の言語文化に対する幅広い知識や教養を活用する資質・能力を育成」することを目指す、とある。「国語」という教科名称自体に居心地の悪さを感じ続けているわたしのような者からすれば、「自らのアイデンティティー」と「我が国の一員として」の「責任と自覚」とが連続的に表現されていることが気になってしかたがないのだが、そうした本質主義的な立場から、「上代から近現代に受け継がれてきた我が国の言語文化への理解を深めること」が、この科目の主なミッションというわけだ。日本文学史で言う「上代」は『万葉集』の時代を含むから、そこから近現代に至るまで、この科目は一三〇〇年以上の守備範囲を持つことになる。

だから、「新しい国語科」について、古文・漢文には影響はないのでは、と見る向きもあるようだが、決してそんなことはない。従前の必履修科目「国語総合」は、じっさいの運用では、専門性への配慮から現代文分野・古典分野と教員が分けられる場合も多かった。しかし、科目「言語文化」が想定する標準的な授業時間は、次のようなものだ。

書くこと	5〜10単位時間程度
読むこと（古典）	40〜45単位時間程度
読むこと（近代以降の文章）	20単位時間程度

ありていに言えば、「言語文化」は、現行の「国語総合」の古文・漢文に、近代の文学的文

章を加えた上で、半分の授業時間数に押し込めたものだ。しかも、ここで言う「近代以降の文章」にも、「我が国の伝統と文化に関する近代以降の論理的な文章や古典に関連する近代以降の文学的文章」を取り上げること、という制約が設けられている。よく知られた教材でいえば、小林秀雄の『無常という事』や、芥川龍之介の『羅生門』『芋粥』などが想定されているらしい、と言えばわかりやすいだろうか。近代の文学作品は、それ自体としてではなく、本質主義的な立場から「日本」の伝統を理解させる道具として扱われてしまっている。

なぜそんなことになってしまうのか。『解説』は、その根拠として、中教審答申での問題提起を持ち出してくる。

その際、我が国の伝統と文化に関する近代以降の論理的な文章や古典に関連する近代以降の文学的文章を活用するなどして、我が国の言語文化への理解を深めるよう指導を工夫するとは、近代以降の文章に関する指導の際には、我が国の伝統と文化に関する近代以降の論理的な文章や古典に関連する近代以降の文学的文章を活用するなどして、我が国の言語文化への理解を深めるよう指導を工夫することを指している。これは、答申で指摘された「古典の学習について、日本人として大切にしてきた言語文化を積極的に享受して社会や自分との関わりの中でそれらを生かしていくという観点が弱く、学習意欲が高まらない」という課題の解決を図るための工夫であり、古典のみならず、近現代まで受け継がれている我が国の言語

文化を享受・発展・創造させ、言語文化の担い手としての自覚をもつことを目指すものである。（136ページ）

当たり前のことだが、他教科・他科目と同様に、「古典」を苦手とする生徒たちは確かにいる。しかし、素朴な疑問なのだが、「新しい国語科」が文字通り実施されれば、確実に「古典」を学ぶ授業時数は減少する。親切なことに、『解説』には、「古典の原文のみを重視することのないよう配慮が必要である」との文言もある。取り扱う時間も内容も削ったうえで、なお「我が国の言語文化への理解を深めるよう指導」するには、いったいどうしたらよいのか。

わたしは谷崎潤一郎のテクスト分析から研究者のキャリアを始めたので、古典の現代語訳や、古典にインスパイアされた作品が独自の価値を有することはよく知っている。しかし、それらはあくまで近現代の解釈を加味して紡ぎ出されたものだ。親しみを持つ「入口」としては重要と思うが、そうしたテクストを取り上げれば、「上代から近現代に受け継がれてきた我が国の言語文化への理解を深める」ことになるかは、疑問なしとしない。「言語文化」のモデル授業プランを検証した紅野謙介は、「中身のない旅行代理店の宣伝コピーのようだ」と手厳しいが、[*12]確かにこのプログラムでは、日本文化の連続性・一貫性というフィクションをイデオロギー的に注入するぐらいしかできないだろう。

科目「言語文化」の本質主義的な立場は、この科目の設計者たちが、一九九〇年代以降の日本語の人文・社会科学的な知の達成をあからさまに無視したことを意味している。テクストの断片が集められ、パッチワーク的につくられた「我が国の伝統と文化」という物語は、いわゆる「江戸しぐさ」のような歴史修正につながる危うさをはらんでいる。

4 「論理国語」「文学国語」と教室への想像力

各方面からの圧力を自分(たち)なりに意識して、どうにかすべての課題に応じようとした結果、さまざまな矛盾と混乱を抱えた設計図ができあがってしまう——。こうした「新しい国語科」の問題は、新設される選択科目「論理国語」「文学国語」にも如実にあらわれている。

新高校学習指導要領と『解説』が規定するこれらの科目の内容的な問題については、別に第6章で詳述する。ここでは、二つの科目について見落とされがちな論点を指摘しておきたい。「論理国語」では教員の労働強化の問題、「文学国語」では「国語の時間」における内面性の問題である。

「新しい国語科」のスポークスマンとして活躍した文部科学省の大滝一登視学官は、帯文で「文部科学省視学官が国語科教育の方向性を展望」した、「高校国語科教員の必携書」と謳った著書の中で、自身の教員経験を振り返りながら、「大学生の多くは、入学時にレポートの書き方はもちろんのこと、論文の書き方の基礎を身につけていない」「大学教員の多くは、高校国語でこうした「書くこと」の資質・能力をもう少し身につけさせてほしいと考えている」と述べる。[*13] おそらく「論理国語」は、そうした課題意識に応えるべく作られた科目だろう。この科目が想定する授業時間数の配分は、以下の通りである。

書くこと　50〜60単位時間程度
読むこと　80〜90単位時間程度

つまり、全体で四割ほどの時間を「書くこと」に充当せよ、というわけだ。確かに、高校国語で「レポートの書き方」を教えるべき、という意見は以前からあった。また、第3章でわたしの元勤務校の事例を紹介するが、大学入試対策をそれほど意識しなくてもよい附属校・系列校などでは、科目「国語表現」の枠組みでそうした実践が行われてきた。加えて現在は、ほとんどの大学で「初年次教育」科目が設定され、調査・報告のスキルやレポートの書式・書き方など、高校までの「学習」から大学での「学修」(用語は区別されている!)へのシフトチェンジを支援する教育活動が展開されている。[*14] 現時点での提案を見るかぎり、どうやら「論理国語」では、こうした初年次教育プログラムの先取りが意識されているようだ。もちろん、わたしも大学教員として言えば、高校卒業段階で「レポートや論文の書き方」が理解できていた方がよいに決まっている。問題は、それができる環境があるか、ということだ。

想像してみよう。ある高校教員Aが、「論理国語」を5クラス担当したとする（週2回の授業と考えれば、これで10コマになる）。1クラス35名と考えると、A先生は、35×5＝175名分のレポートを読まなければならない。現在の高校教員は、週あたり20コマ近くの授業を担当することも珍しくない。日中に空き時間はほとんどなく、放課後にはクラブ活動もある。クラス担任としての業務に加え、校務にかかわる各種書類の作成も落とせない――。現場の教員の多忙ぶりはようやく社会的に認知されてきたが、そのような教員たちに、日常的にこれだけの数のレポートを添削し、指導し、評価する心身のゆとりがあるのか。実際に小論文やレポートの添削に取り組んだことがある者なら、ひとつひとつの文章に向き合うことが要請されるこの作業にどれだけの時間と労力がかかるかは理解できるはずである。科目「国語表現」でのレポート作成にせよ、大学の初年次教育にせよ、クラスのサイズを小さくし、多くの教員がクラスを分担するから、きめ細やかな指導が可能になる。こうした教育環境の改善こそ、文部科学省がまず優先して行うべき仕事ではないのか。

しかし、先掲の大滝視学官は、そう考えてはおられないようだ。高校国語で「書くこと」の授業実践を妨げてきたのは、教師側に「一方的な講義調の授業や、「読むこと」への過剰な傾斜」があったからだ、と言いきっているからである。*15 だが、端的に言ってそれは、現場と個々の教員への責任転嫁という他にない。

これに限らず、「新しい国語科」を推進する側の言説には、具体的な教室への想像力が不足しているのではないか、と思えることが少なくない。科目「文学国語」についても同様だ。『解説』は、この科目が想定する内容として、次のような説明を付している。

この科目では、読み手の関心が得られるような、独創的で文学的な文章を創作するなどの指導事項、文学的文章について評価したりその解釈の多様性について考察したりして自分のものの見方、感じ方、考え方を深めるなどの指導事項を設けるとともに、課題を自ら設定して探究する指導事項を設けている。（178ページ）

この科目が「論理国語」と並び立つ関係に置かれたことで、「文学国語」はひどく重たい課題を背負わされてしまった。「文学国語」でも、授業時間数の20〜30％を「書くこと」に充てることが求められている。

だが、よく考えてほしい。学校の授業で「独創的な文学的文章を創作する」ことがいかに困難か。大学でたっぷり時間をかけて取り組むならまだしも、高校の五〇分の授業で、である。しかも、高校の授業として行われる以上、大学のような段階（ＡＢＣＤ）評価というわけにはいかないだろう。その「作品」は評価され、点数が付けられ、成績として記録されていくことになる。

「はじめに」でも触れたが、ただでさえ国語科は、他教科に比べ、個人の内面に触れる可能性の大きい教科である。研究史上有名な小森陽一の『こころ』論が、「国語の時間」に対する根深い怨恨（?）に動機付けられていたことはよく知られている。[*16] さすがに小森ほどではないにしても、「国語の時間」が嫌いになった理由として、教室で自分なりに考えた意見を否定された、教員の求める答えと合わずにやり過ごされてしまった経験を挙げるひとは少なくない。自分の中から懸命に紡ぎ出したことばが教室で否定され、尊重されなかったと感じられるとき、生徒たちの中には、自分の人間性が傷つけられたと感受する者も出てくるはずだ。

「文学国語」では、小説や詩や短歌や俳句の「創作」が求められると言う。ならば、どれを「よい作品」とし、どれを「そうではない作品」とするか。低い評価しか与えられなかった生徒の動機付けやフォローをどうするのか。「よい作品」を評価する尺度が一つではないことを考えれば、評価の公平性をどのように担保するのか。そもそも必ずしもプロの創作家を目指しているわけではない生徒たちが提出した作品を、必ずしもプロの文学評論家ではないし、そのような訓練を受けたわけでもない教員が評価して点数化することが、「文学」の教育として適切なのか。疑問は山積するばかりだ。

『解説』が「文学国語」の中身として示した事例の中には、さまざまな工夫も見て取れる。「古典を題材として小説を書くなど、翻案作品を創作する活動」「グループで同じ題材を書き継いで一つの作品をつくるなど、共同で作品制作に取り組む活動」、さらには「演劇や映画の作品と基になった作品とを比較して、批評文や紹介文をまとめる活動」や「テーマを立てて詩文を集め、アンソロジーを作成し発表し合い、互いに批評する活動」などが挙げられている。個人的に言えば、とくに後半三つの活動は、大学の授業で取り組んでみたい興味深いアプローチと思う。しかしくり返せば、現在の高校現場に、こうした教育実践を可能にするリソースはあるのだろうか。

生徒たちが学ぶのは国語科だけではない。そもそも「創作」活動を行うには、心身のゆとりが必須である。テーマが与えられたレポートや論文でも、相応の時間がかかるものだ。ましてや、フィクションの物語について、自分なりに構想を練り、一定の表現にまで高めていくことは決して簡単なことではない。また、アンソロジーを作成するというのは魅力的な企てだが、それをするためには、相応の蔵書数をそなえた図書館施設が欠かせない。もっといえば、「詩文」を集めた「アンソロジー」を作るだけの知識を、学校教育の国語科は、いつ生徒たちに与えたのだろうか？

こうして考えてみれば、よほどうまく授業計画を設計しないと、『解説』が目指す「文学国語」の授業を成立させることは難しい。その意気込みはよしとしても、それを可能にする条件や手立てが、現在の高校現場にはあまりにも不足している。実験的で興味深い内容も含むが、設置するにはリスクが高すぎるのだ。

むしろ問われているのは、学知としての日本近現代文学研究の方である。別に頼んだわけでもないのに作られてしまった科目「文学国語」をどうデザインするのか。「新しい国語科」の

「文学」概念を内側から組みかえながら、高校の教室に対して、専門知の立場からどんな支援が行えるのか。本書の第4章・第7章は、そのためのささやかな提案である。

5 「新しい国語科」とどう向き合うか

最後に、「新しい国語科」の内容的な問題点を概括しておきたい。

まず指摘すべきは、やはり「読むこと」の削減・軽視だろう。国語科の授業時間数がドラスティックに増えるとは考えにくい以上、「新しい国語科」のプログラムが文字通りに実施されれば、文章を「読む」ことに充当される時間が少なくなることは間違いない。

しかし、それ以上に問題なのは、何を、どのように「読む」のかという問題だ。学校ごとのカリキュラム編成によっては、高二・高三で「論理国語」「文学国語」のどちらかしか履修できないケースが想定される。つまり、学校の「カリキュラム・マネジメント」によっては、「国語の時間」で読む内容が著しく偏ってしまうことになる。この点について大滝視学官は、「選択科目の授業は2単位ではなく4単位ずつで、選びたい科目の全てを取る余裕がないという声もあります。ただ生徒の実態をふまえ、標準より少ない単位で教えることも不可能ではありません」と述べている。[*17] 批判の大きさに譲歩を強いられた恰好だが、定められた標準単位数を減じること（関係者の間では「減単」と呼ばれる）は、公立校の場合、都道府県教育委員会の定めに従わなければならない。そもそも、文科省の視学官が「減単」を前提にしたカリキュラムに言及すること自体が、「新しい国語科」の制度設計の破綻をあらわしていると言う他にない。わたしが知る限りでも、新指導要領にもとづくカリキュラムをどう設定するか、悩みに悩んだという学校は少なくない。

よって、「新しい国語科」の論点を、「文学」の軽視と排除というレベルだけで語るべきではないとわたしは思う。また、ここまで論じてきたように、従来の高校国語は、もっぱら「人文知」だけを取り上げてきたわけでもない。高校国語は、社会科学・自然科学を含む日本語の「知」の基礎・基本をカバーしてきた。そうであるがゆえに、高校国語の教科書は、評論でも文学でも、たんに「いま・ここ」の課題と直結するテーマだけでなく、「いま・ここ」で起きていることがらについて立ち止まって考えるうえで必要なヒントを学ぶような文章を、教材として組み入れてきた。学ぶ生徒たちの「いま・ここ」に直結するわけではないが、いつかどこかでその含意を発見してもらいたい、問題提起的な文章も取り上げてきた。現在の教科書で言えば、日本敗戦後のシベリアで得た苦い認識を絞り出すようなことばで表現した石原吉郎『ある共生の経験から』などがそれにあたる。

そんな文章を、高校生が自分ひとりで読むのは簡単ではないだろう。歯ごたえのある文章を、生徒たちにとって身近な問題として、未来を考えるきっかけとして翻訳する教員がいて、他の生徒たちと一緒に読むことで、異なる理解を知り、自分の世界を拡げることもできるはずである。「新しい国語科」は、そうした共に学ぶ経験を、「国語の時間」から削り取ることになる。

　くり返すが、いまの高校国語に問題がないとは言わない。そもそも国語科はあまりに過大な期待を背負わされている。現状でも教員の負担は相当なものだ。しかし、もしそうした状況を変えたければ、現在の「国語の時間」を調査し、分析し、さまざまな立場の知見にもとづく議論を戦わせたうえで、次のステップに進むべきである。それこそ、ことばの正しい意味で「主体的・対話的で深い学び」の実践ではあるまいか。求められているのは、教室を軽視することではないし、現場を強権的に従わせたり、いたずらに「変化」に向けて追い立てたりすることではない。いまほんとうに必要なのは、「「国語」の教師たちが積み上げてきた技術や経験値を汲み上げ」（紅野謙介[*18]）、自ら学ぼうとする者を静かに勇気づけることばに他ならない。

第2章　未来は誰のものか？

新学習指導要領のイデオロギー

1　ある教室の風景から

教室で授業に身が入らないのか、窓の外の方に視線を向けて、もの思いにふけっている生徒たちがいる。授業内容に興味がなくて退屈を持て余しているのかも知れないし、じつは空腹で鳴り出しそうなお腹を落ち付かせるために気を紛らわせているのかも知れない。最近気になっている誰かのことを考えているか、それとも放課後のクラブ活動のことで頭がいっぱいである可能性も考えられる。そうかと思うと、教科書の違うページを開いて、引きこまれた様子で文字を追いかけている生徒もいる。確かに国語の教科書には読むべきページはたくさんあるし、べつに落書きをしている様子でもなさそうだ。さて、そういう生徒たちを前にしたとき、教員はどう振る舞うだろうか。

大人というのはいつでも身勝手なものだ。そのような姿を目にしたら、わたしも含め、ほとんどの教員がやんわりと注意したりたしなめたくなったりするだろう。しかし、一方でわたしは思う。全員が同じ方を向いて、全員が熱心にノートを取っている、全員が集中してアクティブな「活動」に勤しんでいる教室は、なんだか少し居心地が悪い。教室には、ちょっとぐらい息が抜ける隙間と「遊び」があったほうがよい。

＊

よく指摘されている通り、「新しい国語科」には複数の表情がある。グローバル資本主義にとって有用な「人材開発」の国際的指標への対応が基調としてあり、学校を権威主義的な支配を可能にするイデオロギー装置として活用したい、伝統的な保守政治の欲望が上乗せされる。「改革」に乗じて教育の市場化を拡大しようとする経済界の思惑が影を落とすいっぽうで、初等・中等教育での国語科の位置を確固たるものとしたいという、それなりに真摯な思考の痕跡もうかがえる。

だから、「新しい国語科」は決して一枚岩ではない。教育と政治と経済の関係を考える際は、つい「国が」「文科省が」「政財界が」と大きな主語で語りがちになる。もちろんそうした批判は誤りではないし、それが必要な場面もある。しかし、改めて留意したいのは、複数のプレイヤーたちによる決定には、必ず調整と妥協のプロセスが介在することだ。

それは「実社会」に生きたことがある者なら、誰もが経験していることである。ある方針・方向性が決定されるまでは、複数の関係者たちの意図やねらい、思惑と打算とが交錯し、相互の力関係にもとづく駆け引きの中で対立と一致点が探られ、そのうえで大きな枠組みがセットされていく。ということは、同じ標語や方針を共有する者たちの中にも、それなりの対立や葛藤が存在する、ということだ。言い換えれば、いっけん固い絆で結ばれているように見える集団に批判的に介入し、それらを引き離すことで、イデオロギー的な言説の再生産を挫折させられる可能性がある、ということだ。

そこで想起されるのは、スチュアート・ホールの用いた「節合」というコンセプトである。ホールによれば、「節合とは、特定の条件下で、二つの異なる要素を統合することでできる言説の形態」であり、「そのつながりは、いかなる時も常に、非必然的で、非決定的で、非絶対的かつ非本質的なもの」である。[*1] 例えば、一九世紀後半以降の日本社会では「西洋化」と「近代化」がほぼ同義で用いられたが、空間的な概念としての「西洋」と、時代区分をあらわす「近代」との結びつきは、たまたま日本社会から見た「西洋」が、そのタイミングで先進的な社会に見えた、という歴史的・地政学的な条件によって規定されている。つまり、その結びつきは「非必然的で、非絶対的かつ非本質的なもの」でしかない。

本章では、こうした観点を切り口に、「新しい国語科」で頻出するキーワードに注目する。そのことばや概念が、どこで・誰によって・どんな意味で用いられてきたかを検証する作業を通じて、「新しい国語科」を支えるプレイヤーたちのイデオロギー的な土台を検討したい。また、プレイヤー間での矛盾や葛藤が最終的に調整されたということは、差異だけではなく、何らかの共通性や妥協点があったことを意味している。そのベクトルの重なりに目を向けることで、「新しい国語科」が共有する基本的な教育観・人間観をあぶり出すことを試みたい。注目するキーワードは三つ。「Society 5.0」「コンピテンシー」「カリキュラム・マネジメント」である。

2 「Society 5.0」と解体される社会

ところで、読者各位は「Society 5.0」というコンセプトをご存じだろうか。

この耳なじみのない用語は、近年の教育関係の指針や答申にやたらと登場するキーワードである。目についたものだけでも、文科省内の検討報告「Society 5.0に向けた人材育成～社会が変わる、学びが変わる～」（二〇一八年六月五日）[*2]をはじめ、中教審答申「二〇四〇年に向けた高等教育のグランドデザイン」（二〇四〇年答申、二〇一八年一一月二六日）、教育再生実行会議第十一次提言「技術の進展に応じた教育の革新、新時代に対応した高等学校改革について」（二〇一九年五月一七日）の中で大きく取り上げられている。教育関係のニュースに詳しい読者なら、二〇四〇年答申にもとづき、国立大学の全学部でデータサイエンス教育の必修化が求められていることや[*3]、教育再生実行会議の提言を受けて、中教審に高校改革を議論するワーキンググループが作られていること（主査は荒瀬克己関西国際大教授）を想起するひともいるはずだ。[*4]「新しい国語科」関係でも、大滝一登視学官が、先述の文科省報告を紹介しつつ、新学習指導要領の「背景」に位置づけている。[*5]

このコンセプトの初出は、二〇一六年一〇月に閣議決定された「第五期科学技術基本計画」（二〇一六―二〇二〇年度）にまで遡る。「Society 1.0」が狩猟社会、「2.0」が農耕社会、「3.0」が産業社会、「4.0」が情報社会で、「Society 5.0」は次世代の「超スマート社会」を指すらしい。小倉利丸は、「世界に先駆けた「超スマート社会」の実現」を謳ったこの未来社会構想を、ドイツの「インダストリー 4.0」、米国の「先進製造パートナーシップ」、中国の「中国製造2025」等を意識した、「現在のグローバル資本主義の覇権を狙おうとする日本政府の戦略」だと位置づけている。[*6] その評言を裏づけるかのように、日本政府「経済再生本部」内の会議体「未来投資会議」は、「未来投資戦略 2017 ― Society 5.0 の実現に向けた改革―」を発表（二〇一七年六月九日）、「Society 5.0」は、科学技術振興策の枠組みを超えて、「アベノミクス」の目玉の一つ、経済成長戦略として「国策」化された。経済界の強い要望が垣間見えることは指摘するまでもない。経団連も、二〇一八年一一月に『Society 5.0 ともに創造する未来』と題するパンフレットを公表、「日本型雇用慣行のモデル・チェンジ」と雇用のさらなる流動化を含めた提言を行っている。[*7]

では、ごく簡単にではあるが、政財界が夢見る未来社会のイメージを瞥見してみよう。日本政府の「科学技術イノベーション統合戦略2017」の「概要」では、「サイバー空間とフィジカル空間を高度に融合させることにより、地域、年齢、性別、言語等による格差なく、多様なニーズ、潜在的なニーズにきめ細かに対応したモノやサービスを提供することで経済的発展と社会的課題の解決を両立し、人々が快適で活力に満ちた質の高い生活を送ることのできる、人間中心の社会」と定義されている。[*8] 具体的には、次のような項目が挙げられている。

・IoTで全ての人とモノがつながり、様々な知識や情報が共有され、新たな価値がうまれる社会
・少子高齢化、地方の過疎化などの課題をイノベーションにより克服する社会
・AIにより、多くの情報を分析するなどの面倒な作業から解放される社会
・ロボットや自動運転車などの支援により、人の可能性がひろがる社会[*9]

こうした環境が実現すれば、ひとはリアルタイムで快適な生活と最適な医療を享受でき、適切なタイミングで安全な食品を無駄なく消費者に届けることができ、人件費を増やさずに消費者のニーズに即応した製品を効率的に生産できる、というのである。

社会学者のジョン・アーリは、「自らが想定した未来を実現しようとする力のあるアクターは、しばしば複雑で修辞的な想像や未来の「楽園」として描く未来像を展開する」が、未来を

「国家や企業や技術者の自由なままにしておくことはできない」と、未来をめぐる言説編成に社会科学者が参加する必要を説いた。[*10] その伝で言うなら、「Society 5.0」には、どうやら社会科学者だけでなく、人文科学者が活躍する余地もなさそうだ。なぜなら、この未来社会構想には、人間同士のコミュニケーションの契機が欠けている。モノとモノ、ひととモノとはつながるが、ひととひととのつながりが希薄化されることで、交渉にもとづく「政治」の場面が後景化される。再び小倉利丸のことばを借りれば、この社会のイメージには「政治的な主体としての人間への視点が全く欠如」している。[*11] すなわち、政治的社会的な意思決定の基盤をなす行政、立法、司法といった制度との関わりが一切登場しないのである。

考えてみればよい。「少子高齢化」にしろ、地域間格差にしろ、富と資源の再配分は基本的に政治的な問題だろう。その課題にどれほどのひとと資源と情報のリソースを割り当てるのか。利害を必ずしも同じくしない複数の人びとのあいだで、どんな道筋で納得と合意を作り上げていくのか。だが、「効率化」という美辞の背後で、そうした議論のアリーナが消去されていく。「人間中心の社会」という看板が、制御にもとづく「快適さ」として表象されていることに注目しよう。このデジタルユートピアにおいて人間は、不断にモニタリングされることでデータを生み出す資本であり、その資本を元手に提供されるサービスを受け取る消費者でしかない。少し古めかしい言いまわしを使えば、「Society 5.0」とは、究極のテクノクラート国家構想とも表現できる。

教育学者の児美川孝一郎は、こうした「Society 5.0」の方向性が、新学習指導要領の目標である「主体的・対話的で深い学び」と根本的な齟齬を抱えている、と指摘した。そのうえで児美川は、そもそも「Society 5.0」構想は新学習指導要領の審議プロセスに間に合っておらず、ゆえに文科省は、国策化された未来社会構想を事後的に追認し、教育「改革」を再調整する必要があった、とする。[*12] さきにも紹介した二〇一九年六月の文科省「Society 5.0 に向けた人材育成〜社会が変わる、学びが変わる〜」はまさにその「調整」の成果と見てよいが（この発表が正式な会議体から出たものではないことが、急ごしらえぶりを物語っている）、合わせて発表された資料の中では、今後目指すべき学校の姿として「学校 3.0」なるコンセプトが提唱された。こうした出所不明のキャッチコピーがやたらに量産されるのも今回の教育「改革」の特徴であって、「学校 1.0」は「勉強の時代」、「2.0」はアクティブ・ラーニングの時代、これからの「学校 3.0」は「個別最適化された学び」の時代なのだそうだ。そこでは、幼稚園から大学までのグレードは「学年」ではなく「能力」に置き換えられる。「ＡＩが個人のスタディ・ログ（学習履歴、学習評価・学習到達度など）や健康状況等の情報を把握・分析し、一人一人に対応した学習計画や学習コンテンツ」を提示することで、「学習者と学習の場のマッチング」が高い精度で行われるのだという。[*13] 蓄積されたビッグデータの分析から、学習者の傾向と特性に合わせた「問題」が出題され、解答を提出した学習者の活動がデータとしてフィードバックされていく。「教室」という軛から解放された個人が、それぞれの個性に合わせて、子どもたちのペースで学ぶことができる——そう言われると聞こえはよいけれど、このパッケージは必ずしも学習の自由度の高さを意味しない。要は、AI分析にもとづく学習のパッケージ化・標準化ということだ。おそらくそのプラットフォームはいくつかの私企業が寡占的に担うことになるだろう。学習者が残すデータや記録がすべて資本に転化することになるわけだ。この仕組みに、電子化されたポートフォリオを組み合わせれば、学校の外のあらゆる活動を学校の「学習」として包摂する体制ができあがる。

学習／学修が徹底して個別化され、個々の身体へと分離・分割して提供されるようになれば、もはや「教室」が存在する意味はない。横井敏郎は、こうしたイメージを捉えて「教育はもっぱら個人の能力を高めるための個別的な学習行為に分解されていくようにしかみえない。また理想の教育はテクノロジーによって提供されるものであり、人々が議論を通じてつくり上げていくような民主主義のプロセスも見出せない」と書いている。[*14]

また、新型コロナウイルスの感染拡大は、はからずも「個別最適化された学習」の難しさを実感させるものとなった。オンライン授業の学習効果や効率の良さを指摘する声がある一方で、当事者としての学生から対面授業を希求する声が挙げられたのは、「ひとりで学び続けること」の困難が、イメージの上で「学校」「教室」という場の価値をせり上げた結果だろう。もちろん、他の学校と同じ基準で比較はできないが、通信制の大学の卒業率が高くないことはよく知られている。また、アメリカでのオンライン授業の経験から、学生の「モチベーションの維持の難しさ」や、時間管理などの「自己管理力」の必要性は早くから指摘されてきた。[*15] それから十数年、技術革新は進んだが、オンライン授業は「教室」を完全に代替できているわけではない。

「新しい国語科」の推進者たちは、「実社会」で生き抜くための「実用性」を強調する。ならば彼ら彼女らは、そのときどんな「社会」のイメージを思い浮かべているのか。「Society 5.0」というユートピア／ディストピアでは、ことばの正しい意味で「主体的であること」も「対話的であること」も求められているとは思えない。「新しい国語科」の推進者たちが口にする「予測困難な時代」とは、国家と資本が提供するお仕着せの未来のことなのか。もし違っているのなら、推進者たちは、自分のことばで、そのことを明確に示す必要があるはずだ。

3　コンピテンシー・ゲーム？

二つ目のキーワードは「コンピテンシー」である。この概念をめぐっては、既発表の拙稿（「「新しい国語科」は何が問題なのか？――新学習指導要領のイデオロギー」紅野謙介編『どうする?・どうなる?・これからの「国語」教育』幻戯書房、二〇一九年）で論じたが、そこで取り上げた論点も含め、あらためて問題点を明確にしておきたい。

今回の学習指導要領の重要なポイントは、学校教育を通じて育成すべきものとしての「学力」という概念が、「資質・能力」という語に取って代わられたことだろう。この奇妙な術語は、ＯＥＣＤの教育目標等に登場する「コンピテンシー」の訳語として用いられている。今回の新指導要領にも大きな影響を与えた研究者である髙木展郎の著書では、「グローバル化した社会の中で、コンテンツベースの学力のみでは、世界の中で立ち行かなくなった」ので、従来とは異なる「さまざまな現実や状況の中で生きていくときに必要な資質・能力を育成すべき時代が到来したのである」と、「資質・能力（Competencies）」を「行為・行動として表出（Action）」させることの重要性を訴えている。[*16]

コンピテンシー概念の出発は、一九七〇年代のアメリカにあるとされる。ある職種において〈結果を残している〉とされる人物の行動特性・人格的特性を指標化し、それらをリスト化して「コンピテンシー・モデル」を構築。そのモデルとの比較において評価対象者の適性を判断しようとする考え方で、アメリカでは一九八〇年代以降、人材管理・人事評価制度として定着したという。[*17] 教育学者の松下佳代が紹介した例を引けば、「管理者」のコンピテンシー・モデルとしては、「インパクトと影響力」「達成志向」が最も重視され、「自信」「指導性／主張性」「情報の探求」はそれほど重んじられない。[*18] このようにして、ペーパーテストや外形化された技能だけではうかがえない、労働者としての特性を包括的・全人格的に計測しよう、という考え方である。

雇用者側の立場からの発想であることは明らかだが、これが学校教育段階にも入りこんでくる。ＯＥＣＤが一九九七年から着手したDeSeCo（Definition and Selection of Competencies）は、多様化したコンピテンシー・モデルに通底する基礎的な力の「定義」を目途したプロジェクトと言える。藤井穂高のまとめを借りれば、「人生の成功とよく機能する社会のために私たちはどんなコンピテンシーを必要としているのか」という問いを理論的・概念的に検討することで、「いかによく若者や成人が人生の挑戦のために準備できているかの評価を改善するとともに、教育制度や生涯学習の包括的な目標を同定することができる」。二〇〇五年に出された最終報告では、①情報テクノロジーから言語までを含む広義の「道具を相互作用的に用いる」、②様々な背景を持つ多様な集団の中で「相互に関わり合う」、③自分自身の生活を管理する責任を持ち、より広い社会的文脈を意識しながら「自律的に行動できる」、という三つのカテゴリーが「キー・コンピテンシー」と規定され、その中心には、社会からの圧力を対象化する批判的スタンスを含意する「省察力」（reflectivity）が位置づけられた。[*19] ＯＥＣＤが実施する国際学力調査ＰＩＳＡは、このうち、とくに①の能力（読解リテラシー、数学的リテラシー、科学的リテラシー）を測るものと位置づけられている。

こうして見れば、「主体的・対話的で深い学び」がやたらに強調される新学習指導要領や「新しい国語科」が、DeSeCoのキー・コンピテンシー論の強い影響下にあることは明白だろう。だが、加えて問うべきは、このキー・コンピテンシー論が、「新しい国語科」にどう翻訳され、接続されたかである。

すぐに思いつくだけでも、三つの問題点を指摘できる。まず第一に、要素還元主義的な志向性のもたらす危うさである。日比嘉高は、「新しい国語科」の「能力伸長主義」を、「調理された食事ではなく、各種の保健機能食品だけを摂取して、自己の身体を養っていこうとするような発想」だと看破したが[*20]、注意すべきは、こうした発想が位階化・階梯化されていることだ。「新しい国語科」を推進する立場の研究者である山下直は、義務教育段階との接続という文脈で、「話すこと・聞くこと」では、中学校第三学年の指導事項として「進行の仕方を工夫したり互いの発言を生かしたりしながら話し合い、合意形成に向けて考えを広げたり深めたりすること」という内容が示されていると言及したうえで、高等学校「現代の国語」では、同じく指導事項解説で、話し合いの際に「部分的な合意の有無や論点ごとの共通点や相違点を明らかにする」と記されたことに注目、「義務教育における合意形成に向けた話合いのあり方をさらに緻密に捉えていくことで、実社会で行われる話合いに、より生かすことのできる能力の育成を目指したものと考えることができる」と述べている。同じく山下は、「書くこと」をめぐっても、小学校三・四年では「段落相互の関係に注意」する、中学校一年で「段落の役割などを意識」する、中学校二年で「段落相互の関係などを明確に」すると記されたことを踏まえて、高校の「論理国語」では、「段落内部の文の組立て」、文章全体の中での「段落の役割」にかかる「資質・能力」に結び付けるような授業が求められる、とする[*21]。

これはいったい、何を言っているのだろうか。官僚的な作文でよくあるつじつま合わせでないとしたら、驚くべき事態だとわたしは思う。ことばを学ぶこと、ことばから学ぶこととは、工業製品としての機械の部品を一つずつ組み立てていくような営みだったのか。国語科の教員なら誰もが知る通り、ことばの力／ことばにかかわる力は決して順を追って段階的に身に付くようなものではない。ことばはそのひとの経験や個性、環境や思想信条、時々の心と身体の状態にも深く結びついているものだから、どれか特定の「書くこと」「話すこと」といった抽象化された能力だけを鍛えられるようなものでもない。

人間の身体にかかるスキルを考えてみればよい。クロールの息継ぎも、鉄棒の逆上がりも、補助輪なしでの自転車の乗り方も、試行錯誤と練習を重ねてあるとき「できる」ようになるけれど、どこをどう動かせば「できる」ようになるか、どんな身体技法を身につけたことで「できる」ようになったかは、必ずしも自覚されない。さまざまな「コツ」は、あくまで事後的に意識されたものでしかないし、それが必ずしも習得時の経験を反映しているわけでもない。にもかかわらず、「新しい国語科」は、言語運用にかかる「資質・能力」をポジティブリスト的に数え上げ、それらを「話すこと・聞くこと」「書くこと」「読むこと」の各領域に配分したうえで、いくつもの要素へと分解して段階化していく。その結果できあがるのは、人間とことばとの複雑かつ多様な関係性を捨象した、机の上だけで組み立てられた「資質・能力ベースの授業」という名の壮大なフィクションである。教室の生徒たちは、教材ごと単元ごとに細分化されたタスクをこなし、しかるべき「資質・能力」を少しずつ身につけ、「実社会」で活用できる「ことばの力」を習い覚えていく――。あまりに単純で機械論的な言語観と人間観。まるで「国語科」全体が、大がかりなシミュレーション・ゲームになったかのようだ。

第二の論点は、コンピテンシー型教育が必然的に伴う能力の個人化・パッケージ化の問題である。大学の教養教育が汎用的・基礎的な学修スキルの育成を謳うコンピテンシー型の教育へと移行している状況を批判的に捉えた杉原真晃は、その種の学修が「何のために学ぶのか」という問いから切り離される傾向があること、「汎用的」な能力とされたものが学修プログラムとしてパッケージ化されることで、それを身に付けられたか否かが個人の「資質・能力」の問題として表象されてしまうことを問題視している。[*22]「汎用的」「基礎的」とされた知がうまく所有できない、内在化できていないと判断されてしまうことは、知識の獲得の有無や度合いが問われるというよりは、その人物個人の「資質・能力」それ自体の評価（！）と理解されてしまうおそれがある。ありていに言えば、成績が芳しくない生徒たちは、結果として「資質・能力が低い」と判断されることになりかねない。[*23]加えて「汎用的」「基礎的」という概念は往々にして一人歩きしがちなものだから、それがいったい誰にとって、なぜ必要な能力なのか、という問いは後景化されてしまう、というわけだ。

現在提案されている高校の「新しい国語科」も、コンピテンシー型教育一般が抱えていることうした問題から自由ではない。むしろ、「主体的に学習に取り組む態度」が日常的に評価対象となる高校の教室では、圧力はより大きくなると考えた方が適切だ。そこで起こるだろうことは、学習者・評価者双方の「偽装」である。学習者の側は、あたかも「主体的」な学習を通じて汎用的な能力が身に付いたかのように振るまい（そうしなければ「評価」されない）、評価者の側も、学習者たちが課題とした能力を身に付けたかのように見なす（そうしなければ教員として「評価」されない）ことになる。だが、何しろ「ことば」の問題である。何をもって「身に付けた」と判断する根拠とするかは、決して安定的にはならないはずだ。加えて、いくら「実用性」との接続を謳っても、教室は決して「実社会」ではない以上、形式化されたロールプレイ（つまりは「ごっこ遊び」だ）の域を出られない。さきの杉原は、こうした状況を「シミュレーション化」と名付けたが、「新しい国語科」では、まさに二重三重の「シミュレーション化」が進行することになる。

何のために学ぶのか。どこに向かう・何のための学習なのか——。第三の論点は、「新しい国語科」における「省察性」の位置づけである。「主体的・対話的で深い学び」の実現を目指すという「新しい国語科」では、盛んに「振りかえり」と「メタ認知」が強調される。しかし、この手の文書に出てくる独特の言いまわしには注意したほうがよい。例えば、次のように問うてみよう。なぜ「自意識」ではなく「振りかえり」なのか。どうして「反省」ではなく「メタ認知」なのか。確かにいずれも、「自分を見る自分」を指示する概念ではある。しかし、「振りかえり」も「メタ認知」も、「なぜ」という根拠に向かう問いの契機を欠いている。自己自身のいま・ここを対象化し、別の可能性、別の枠組みはなかったかと立ち止まって考え直す批判と相対化の契機を欠いている。そこで問われるのは、あくまではじめに立てた「見通し」「目当て」に対して適切に行為できたかという確認であり、そのとき自分が何を・どのように行為したかというチェックとモニタリングでしかない。だから、「新しい国語科」のプログラムでは、教員の立場は揺るがない。この時間に何の意味があるのか、このタスクがどこにつながっているのかを本当の意味で問われることがないからだ。言いかえれば教員は、ただ呪文のように「実社会」ではそうした力が求められる、と口にしていればよいからだ。しかしそれは、「国語の時間」の意義を、表象として持ち出された「実社会」の側の論理に譲り渡すことと同義である。つまるところそれは、「国語の時間」の中身を、「実社会」を僭称する一部の政治家や経済人の発想に従属させることに他ならない。

じつは、そうした社会適応主義的な発想は、DeSeCoが厳しく戒めていたものでもあった。再び松下佳代の議論に拠れば、先掲のキー・コンピテンシーでは、「反省性」を核心に据えることで「個人が「環境の期待の虜」にならず、社会化の圧力を対象化し、省察し、再構成するため、批判的なスタンスをとることが担保されている」[*24]。だが、「新しい国語科」は、教員たち生徒たちに、むしろ「環境の期待の虜」となること、「社会化の圧力」に積極的に同調することを求めるものとなっている。自省的・反省的な契機を自己自身の学習過程の内側にのみ押しとどめる以上、学ぶ生徒たちに逃げ道はない。それを「受け止めない自由」が認められない以上、「環境の期待」という圧力を相対化し、自分なりに捉え返す能動性を発揮する余地は想定されていない。教室での「国語の時間」は、ほんとうにそれでよいのだろうか？

4　カリキュラム・マネジメントと書類仕事の憂鬱

「新しい国語科」が、教材ベースの授業から、「資質・能力」ベースの授業へ、という授業観・教材観の転換を強く主張していることはすでに述べた。ふたたび大滝一登のことばを借りれば、「「羅生門」を読んだ経験だけが残る学習ではなく、○○の資質・能力を身に付けるために「羅生門」を読んだと生徒が自覚できる学習」へ。[*25] つまり、それぞれの教材なり、複数の教材や資料から成る単元なりで、学ぶ生徒たちが何を身につけるのか、何ができるようになるかを明示せよ、というのである。

こうした表現に既視感を感じる読者もいるはずだ。基本的な発想が、現在の大学の授業シラバスで求められるものと同じだからである。ここ一〇年ほどでうんざりするほど記載事項が増えたシラバスをめぐる悲喜劇は、佐藤郁哉『大学改革の迷走』で詳述されているので、ここでは措く。[*26] むしろわたしが重要と思うのは、文科省の「高大接続改革」のうち、大学入試改革の影に隠れていたもうひとつの顔である。早い段階から文科省は、「高大接続改革」が、「高等教育・大学教育・大学入学者選抜の一体的改革」だと主張してきた。それは、より具体的に言い直せば、大学「改革」で用いられてきた統治の技法を、高校の「改革」に転用することである。[*27]

もちろん、「新しい国語科」もこうした動向に棹さすものとなっている。

そのことは、先にも触れた髙木展郎の言説に端的にあらわれている。髙木の近著『評価が変わる、授業を変える』は、新学習指導要領の求める評価観について述べた本だが、実際にこの本を読んでみると、授業の具体的な場面に即した議論はほとんどない。むしろ髙木が注力しているのは、「カリキュラム・マネジメント」を通じた学校の運営管理の問題である。

これからの時代が求める資質・能力について、その道筋を考えるのは指導者としての大人の役目である。指導者としての大人は、自分のこれまでの経験や学んだことを総動員して、これからの時代が求める資質・能力とはどのようなものかを、それがもしかしたら的外れになるかもしれないということを含めて、考えることが求められる。

また、カリキュラム・マネジメントを通して、各学校ごとにそれぞれ子どもの実態や実情に応じつつ、①「何ができるようになるか」、②「何を学ぶか」、③「どのように学ぶか」、④「子ども一人一人の発達をどのように支援するか」、⑤「何が身に付いたか」を学校全体で考え、その実現に向けて授業に取り組むことも求められている。[*28]

髙木の考える「カリキュラム・マネジメント」とは以下のようなものである。まず、学校長のリーダーシップのもとに、「学校において学習指導を行う教職員全て」が自発的に参加して

「学校のグランドデザイン」を作成し、それを校内全体で共有する。そのうえで、「その年度において該当学年の子どもたちの資質・能力の育成をいかに図るかという教育の内容と、該当学年の子どもたちの実態と実情とを学年で共有する」ために「学年のグランドデザイン」を作成する。その際、各学年ごとの「グランドデザイン」によって育成される「資質・能力」の内容が「学年間で意味ある配列になっているか」という検討も、ゆめゆめ怠ってはならない。加えて、各教科ごとでも、年間の、そして「小学校6年間、中学校・高等学校それぞれ3年間で育成すべき資質・能力の見通しや系統性」を踏まえた「各教科等のグランドデザイン」を設計する必要がある。これら複数の「デザイン」を踏まえ、各授業者は、その単元が年間の中で・学年の中でどんな位置にあるか、他教科を含めた関連を理解して学習者たちの前に立たなければならない。こうした学校全体としての「カリキュラム・マネジメント」に則ることで、「一人一人の教師の個性は生かしつつ、子どもたちに育成すべき資質・能力を、その学校に所属する教師全てが同じ方向で指導を行う」ことができるようになる――。

紅野謙介は、髙木の文章は「無色透明でツルツルしていて、はあ、そうですかとご挨拶して通り過ぎるしかない」という印象を述べていた。[*29] わたしなりに言いかえれば、『評価が変わる、授業を変える』の中では、同じ土台の上で対立するはずの論点があたかも議論の水準差であるかのように形式的に処理されてしまうので、主張・反論(異論)・再反論というプロセスが存在していない。提示された異見が乗り越えられるべき「問題」とは見なされず、付帯事項的に列記されるだけなので、議論が弁証法的に深められることがない。弁証法の原義が問答や討論の技術を指すことを想起するなら、この本での髙木の思考はまったく対話的ではない。

例えば同書には、「ＰＤＣＡサイクルは本来、企業等での生産管理や品質管理などの管理業務を継続的に行い、それを改善するために行われる手法」だ、と説明される。よって、「時間をかけて子どもたちを成長させる学校教育」にはそぐわない面もある、とも記される。もちろんその通りである。しかし髙木は、「ＰＤＣＡサイクル」を学校現場に導入する際、どんな修正や留意点が必要かを説明しない。また、同書では「学校教育での子どもたちの成長」は個人によって違うのだから、「短期で評価することの弊害のほうが多くなる場合がある」という一節もある。これもその通りと言う他にない。しかし、評価の中にそうした個別性や時間性をどう織り込んでいくかという、肝心の具体的な議論は書かれない。[*30] 結局のところ述べられるのは、学校・学年・教員の、年度ごとの自己点検・自己評価であり、外部評価の必要性の方なのだ。

わたしは思わず感嘆してしまった。なるほど、こうした書法を身につけることができれば、いくらでも美しい画餅を描くことができるのだ、と。運営管理の側はそれなりの楽しみもあるのだろうと思う。自ら絵をデザインし（あるいは構成員にデザインさせ）、その絵とつじつまが合うように構成員たちを統制することができるのだから。

だが、「実社会」を生きたことがある者なら、この壮大な画餅を作るためにいくつ会議体ができ、何度長時間の会議を開き、画に描いた餅をでっち上げるためにどのぐらい心と身体を疲弊させられるか、手に取るようにわかるはずである。一度作ってしまった画餅と現実との距離を埋め合わせるために、どれほど多くのアリバイめいた文書を作らなければならないかも。だが、このカリキュラム・マネジメントという仕掛けが巧妙なのは、最終的な評価が、マネジメントを行った側というよりは、外部に委ねられていることだ。画餅を作った／作らせた側からすれば、自分たちはあくまで外部＝社会のまなざしを代行しているに過ぎない。だから、PDCAサイクルでチェックされるのは構成員たちであって、自分たちではない。デヴィッド・グレーバーは、こうした統制システムの特色をじつに的確に表現している。「官僚制とは、ことをなす手段を、それがなんのためになされたのかということから完全に切り離されたものとして扱う、最初のそしてただひとつの社会的制度」なのだ、と。*31

こうして見ると、「実社会」「実用性」への過度な傾斜を特色とする「新しい国語科」が、以上のようなカリキュラム・マネジメントの問題点を正確に転写していることが了知できる。先にも述べたように、「実社会」「実用性」への適応を強調することは、育成すべき「資質・能力」をめぐる最終的な価値判断を、国語科の外部に委ねてしまうことを意味している。なるほどことばは社会的なものだが、その場合の「社会的なもの」とは、政治や経済の論理とイコールではない。社会に開かれたことばの力とは、エントリーシートを書いたり特別予算の申請書を作成したりできるスキルだけではないはずだ。むしろ、このようなことばにおける「実用性」と「社会性」との差異を考え、後者が前者を包摂するようなことばの学習／学修を考えることこそが、専門知の真の役割ではなかろうか。

そもそも学校や教室は「実社会」ではない。例えば、なぜ大学入学共通テストのモデル問題や試行調査（プレテスト）では、ありもしない地方自治体の条例や、現実には存在しない学校の生徒会規約を作らなければならなかったのか。これまで教科書検定の現場では、梶井基次郎の小説『檸檬』に登場する「丸善」などをわずかな例外として、特定の企業や商品名を出すことは避けるべきとされてきた。教室の現場でも、現実に存在する企業の文書、スマートフォンの契約書なりクレジットカードの規約なりを取り上げる場合には、公平性や特定企業の宣伝という観点から、相当な配慮が必要となる。となれば、こんどは教科書や参考書の編集部なり学校や塾の教員なりが、教室用に調整された「実用文」という体裁を整えたサンプルを作ることになるだろう。でも、それはほんとうに「実用文」と言えるのか。これは冗談でも揚げ足取りでもない。いくら「実用性」に照準を合わせたつもりでも、「これは実用文ではない」「これは現実的ではない」と批判される余地を作ってしまうと、「実社会」を僭称する政治と経済の論理の際限ない侵入を許すことになりかねない。

第3節の記述の中で、「新しい国語科」は、コンピテンシー型教育が不可避的に抱え込むシミュレーション化から自由ではないと指摘した。カリキュラム・マネジメントという壮麗な砂上の楼閣のもとで作られる指導の計画と、あたかも「実用性」に即したものであるかのように用意される教材文たち。そして、あたかも主体的・能動的に活動し、授業を通じて求められる

「資質・能力」が身についたかのように演技することをマインドセットされた生徒たち。まさしく脱連結的な、「かのように」の王国。

それでも、日本の多くの教員はまじめで優秀だ。これまでも大学教員たちが行ってきたように、カリキュラム・マネジメントや学習指導要領と矛盾しない、「資質・能力」ベースの授業観に近づけた「作文」はできると思う。しかし、従来の自分たちの経験や蓄積を活かしたいと考える教員ほど、必要性の感じられない文書や説明をたくさん準備しなければならない。本質的な部分を変えさせないために、自分たちがすでに先進的な取り組みを始めていたかのような体裁を整えた文書を作り、もっともらしい文句を並べて空欄を埋め、しかるべき宛先へと提出しなければならない。

かくして、「新しい国語科」の周囲には、心を持たないことばたちが、秋の枯れ葉のように積み上がることになる。教室で心のこもったことばを語るためには、机の上や会議室で心を持たないことばを大量に絞り出さなければならない。そんな逆説を生きなければならないシニカルな身体が、教室で、「予測困難な時代」に向かっていく生徒たちの前に立つことになる。

5　ことばを取り返すために

ひとまず、ここまでの議論をまとめておこう。

本章では、「新しい国語科」を構成する複数の思想的な背景のうち、「Society 5.0」「コンピテンシー」「カリキュラム・マネジメント」の三者を取り出し、その用語や概念の来歴と使われ方を確認した。ひとつには、公教育の市場化を含め、人間活動総体の資本化を目指す国家戦略の動きがあり、国際的な学力指標への接近を掲げつつ、その外圧を梃子にしてことばの教育を規格化・段階化していこうと目論むプレイヤーたちが存在する。さらに加えて、文書主義的な統制を通じて、教員から考える時間と心身のゆとりを奪い、トップダウン式に管理しやすい教室を作りたい、という欲望が介在する。だが、一方で明らかなことは、これら三つのコンセプトが、それぞれ異なる由来と力点とを持ちながら、教育の規格化・標準化を目指すベクトルを共有している、ということだ。「新しい国語科」には、複数の異なる意志が関与しているけれど、教員や生徒たちを一定の型に統制することで教室空間を管理したい、という方向性は基本的に一致しているのである。

だからこそ、教室の中に「なぜ」「そもそも」を問い返す声と視線が介入する余地を、つねに開いておく必要がある。先に引いた著書の中で、グレーバーは、「官僚制」の本質はルールにもとづく「ゲーム」であると述べた上で、そうした「規則のユートピア」に魅せられてしまう人びとがいることを指摘する。しかしグレーバーは一方で、「官僚制の魅力の背後にひそむものは、究極的には、プレイへの恐怖である」と付け加えることを忘れない。彼が「ゲーム」と「プレイ」の関係を、言語をモデルに考えていることは、本稿にとって示唆的である。確かに、どんな言語にも文法も音韻の規則《ルール》があるが、それが不断に変転しない言語も存在しない。

ひとは、アラペシュ語であろうがホピ語であろうがノルウェー語であろうが、いつもおなじやり方でものをいうのを退屈に感じるものである。ひとはつねに、わずかなりともたわむれ（play around）ようとするものなのである。そしてこのたわむれはつねに、累積効果をもつものなのだ。[*32]

グレーバーは述べている。「自由とは、実のところ、みずからがたえず生成する規則《ルール》に抵抗するという人間の創造性の自由なプレイのはらむ緊張である[*33]」。以前、アクティブラーニングの授業実践報告を聞いた際、すばらしい取り組みに大いに刺激され、啓発されたことがある。だが、そのときの講師の一言が、いまになっても忘れられない。「アクティブラーニングの効用の一つは、生徒が居眠りをしないことです」。あえて皮肉な言い方をするが、もはや生徒たちには、教室で居眠りをする自由さえない、ということだ。しかし、本来的に教室は、即興的な「プレイ」の可能性、ざわめきと遊動性とを潜在させているものだ。だからこそ、教室の学習者たちは、驚いたり呆れたり疲れたり、とにかくその場をやり過ごしたりする自由に開かれているべきだとわたしは思う。教育学者の広田照幸が言うように、教育とはあくまで「確率的な営み」としてある。被教育者の側には、「拒否、反発、やり過ごし、形式的同調……というふうに、何かを教えられても学ばない、という余地が常にある」。[*34]

受け手が受けとめない自由を認めることなしに、受け手の能動性や主体性を認めることはできない。受け手の能動性や主体性を認めることなしに、受け手の問い返す視線やつぶやくような声を認識することはできない。確かに教室は権力の空間だが、教える者と学ぶ者とのコミュニケーションの現場でもある。そして、それがコミュニケーションである以上、双方はつねに変化に向けて開かれているものだ。対話を通じて変化することは、人間の「成長」にとって重要な契機である。だから教員も教室でこそ育つのだ。

教室は、「改革」の成果を測る場所ではない。特定の思想を刷り込むための空間ではないし、自分の学説の正しさを証明するための実験室でもない。学ぶ生徒たちは、政治家や官僚や企業家や研究者の自己実現のための手段ではない。デザインされたお仕着せの階段を上らせるのではなく、「実社会」という語句のイメージにからめ取られるのでもない。テクストに対して自由に知性を働かせる、学ぶ者たちの声と学ぶ意志とに開かれた思考の現場。「国語の時間」がこれまで営々と積み重ねてきた、教える者と学ぶ者が共に学び、教える者が学ぶ者によって教えられる時間の価値を、決して手放してはならないとわたしは思う。

マウンティング言説としての「学力低下」論

二〇一九年一二月に発表されたPISA2018の結果について、新聞各紙は一斉に「読解力低下」を問題視した。『朝日新聞』は1面記事で「「読解力」続落　日本15位」との見出しを立て（『朝日新聞』二〇一九年一二月四日）、『毎日新聞』は同日の三面で「国際学力テスト　読解力急落　「PISAショック」再び」と題した約四〇〇〇字の記事を掲げた。『毎日』の記事は、ごていねいに「首都圏の有名私立大の男性教授」を登場させ、最近の学生は「何が大事な情報か全く整理できていないんですよね」という嘆き節まで紹介している。岡部恒治・西村和雄・戸瀬信之という三人の数学者が編者となった『分数ができない大学生――21世紀の日本が危ない』（東洋経済新報社、一九九九年）から二〇年、この社会はずっと「学力低下」論の幻影に怯えていると言ってよい。

「幻影」とあえて言うのは、「学力低下」論の根拠がじつにあやふやであるからだ。教育学者の川口俊明は、著書『全国学力テストはなぜ失敗したのか』（岩波書店、二〇二〇年）の中で、「学力の正確な値を測定することは不可能」と指摘する。学力調査の専門家として、文科省の審議会にも参加する川口の批判は手厳しい。現在の日本では、学力実態を十分に把握できる学術的な裏付けを持った調査は行われていない、にもかかわらずこの間、「学力低下」を前提とした「教育改革」が推進されてきたのだ、と。だが、べつに専門家の批判を俟つまでもなく、少し考えたら分かりそうなものではある。一九八〇年の高校一年生と、一九九五年の高校一年生と、二〇二〇年の高校一年生とではカリキュラムが違うし、求められる学力の質も変化している。つまり、比べたくても比べようがない。それでも「学力低下」を喋喋したいひとびとが飛びつきそうな話題は、続々と供給される。

その最新版が、やはり数学者である新井紀子の著作を契機とする「読解力低下」の大合唱だろう。同書を読んでみると、新井の提示するRSTテストの問題を「某新聞社の論説委員」「経産省の官僚」も正解できなかったというのだから、「教科書が読めない」のは子どもたちだけではないのだが——そして、この事実はRSTテストの信頼性への再考を促すデータと思うが——どういうわけか「読解力低下」論ばかりがメディアの話題をさらっていった。新井の著書『AI vs 教科書が読めない子どもたち』(東洋経済新報社、二〇一八年)は三〇万部以上発行されたという。

確たる根拠が存在しないのに、あたかもそれが自明の前提のように語られる発想や思考の枠組みを、一般に「イデオロギー」と呼ぶ。どうやらこの社会のある種のひとびとは、「若者の学力が低下している」と信じたいのではないか。その言説の枠組みに当てはまるなら、分数だろうが読解力だろうが、話題のタネは何でもよいのである。すなわち問題は、「学力低下」論の事実性ではなく、その言説がもたらす効果の方である。

考えてみよう。「学力低下」を社会的なアジェンダとすることは、いったい誰にとって都合がよいことなのか。すぐに思い浮かぶのは、学校教育に介入したい勢力の思惑である。学校教育の一義的な目標が「学力」の涵養である以上、それが「低下」しているとなれば、学校は本来的な役割を果たしていないことになる。学校や教育を変えることで人間や社会のありようを動かしたいと考えるひとびとからすれば、「学力低下」論は、自らの議論の正当性を調達する上で不可欠の資源となる。もう一つ大事なことは、「学力低下」論が、年長世代の自尊心を心地よくくすぐってくれる言説であることだろう。「学力低下」論がつねに若者世代を標的とすることに注意しよう。この言説は、将来を憂えるような表情で、自分たちの方が若者世代よりも優れているという暗黙のメッセージを伴った、自己慰撫的な言説なのである。「学力低下」論が年長世代のマウンティング言説だ、とはそういう意味である。

おそらく、この言説の二つの効果は、互いに補い合いながら、学校教育への不信を増幅させてきた。「学力」をめぐる漠たる不安が空気として醸成された結果、「教育改革」が進むほど教員の多忙化が進行する、という事態を招来してしまった――そんな側面があるのではないか。

かつて大学の授業で「現代の教育問題」について取り上げた際、自分たちは学力が低下していると言われているので、どうすれば改善できるか考えたいと述べたレポートを書いてきた学生がいて、心底衝撃を受けたことを覚えている。以来、わたしは教室でずっと、まさに「ゆとり教育」批判がそうであったように、「学力低下」論はイデオロギーであると言いつづけてきた。「学力低下」論が罪深いのは、まさに「ゆとり教育」批判がそうであったように新たに社会に参入する世代全体の自己肯定感を奪う点にある（佐藤博志・岡本智周『「ゆとり」批判はどうつくられたのか』太郎次郎社エディタス、二〇一四年）。「大学入学共通テスト」と新高校学習指導要領を、そうした世代語りのネタにさせてはいけない、と強く思う。

第3章　精読・多読・表現

教員の行為者性《エージェンシー》をめぐって

1　実践から考える

本章の内容は、かつてわたしが勤務した中央大学附属高等学校（二〇一〇年四月より中央大学附属中学校・高等学校、以下「中大附属高」と略記。東京都小金井市）での実践を踏まえた研究発表として、日本文学協会第61回シンポジウム「文学教育の転回と希望」（二〇〇六年一一月一九日、明治大学）のために準備した内容と、その後、同校紀要委員会の依頼を受け、紀要『教育・研究』二一号（二〇〇八年三月）のために改稿し、発表した論考にもとづくものである。わたしは同校に、一九九七年四月から兼任講師（非常勤講師）、二〇〇一年四月から二〇〇六年三月までは専任教諭として勤務した。だから、以下で紹介する実践にわたしが参加したのは、もうずいぶん前のことになる。そんな過去の実践報告を含んだ議論をこの本に掲げることに対しては、いくつかの説明が必要だろう。

もちろんひとつには、わたしが加わる以前から続いていた中大附属高国語科の実践と、それを支えた考え方の重要性がある。事実、同校で教員として勤務した経験は、わたし自身の授業観・教育観に大きく影響している。だが、それだけならば、実践報告の名を借りた個人的な感慨の表出と変わらない。むしろわたしが訴えたいのは、ここで紹介する実践例が、それぞれの地域・学校・教室で、あるいはそれ以外の「国語の時間」で、積み重ねられてきた工夫や経験を再発見するきっかけになってほしい、ということだ。詳しくは後述するが、中大附属高国語科の実践は、一学年につき五〇〇名(当時)が在籍し、うち八割から九割の生徒が系列大学に進学する大学の附属高校という環境に依存したもので、決して一般化できるようなものではない。だが、逆に言えば、同校の取り組みは、そうした自校の特性と向き合いながら、複数の教員たちによる試行錯誤の結果できあがったものとも言える。入試を変えれば高校の教室も否応なく変わらざるを得ないだろうと、トップダウン式に強引に進められた高校国語「改革」の行き詰まりが明白になった現在だからこそ、現場で積み重ねられてきた経験知や集合知を言語化し、それがどんな「思想」に支えられてきたかを再考する必要があるとわたしは思う。

もう一つの理由は、さきに述べた研究発表と論考の後半で、二〇〇〇年代以降の「学力低下」論と言語教育をめぐる動向を批判的に検討していることである。とりわけ、二〇〇四年の「PISAショック」と、翌二〇〇五年に文部科学省が公表した「読解力向上プログラム」は、明らかにこの間の国語科「改革」の思想的な底流を形づくっている。[*1]「現代の国語」と「言語文化」という科目を作り、「論理国語」と「文学国語」を並立させる枠組みは、少なくとも一〇年以上の時間をかけて用意されてきたのである。「新しい国語科」の批判者たちは、このことにどれだけ自覚的だっただろうか。今回の「改革」のデザインがどのような思考・発想のもとに行われたのか、その経緯を知る上でも、二〇〇〇年代の国語科をめぐる議論の水準を確認する意味はあるはずだ。

組織としての学校は、生徒にしても教員にしても、つねに人が出ては入ってくる中継地のような場所である。人が集まり、ある時間滞留する以上、大小さまざまな流れが生まれ、大きなうねりになることもあるし、場合によっては澱んで停滞してしまうこともある。あるいは、池や湖がそうであるように、その中ではたえず循環と変化を伴いながらも、ゆるやかにまとまった独自の場を形成していくこともある。中大附属高の実践にしても、対象としての生徒はいつも違うし、運用する教員も入れかわる。それが「成長」と言えるかは別の問題としても、個人としての教員も時間をかけて変化していく。そうした状況に規定される中で、機に応じて姿を少しずつ変えながらも、実践の土台にある「思想」や「哲学」を見失わないこと。教育現場における実践とはそうしたものであるはずだし、似たような取り組みは、他にもたくさんあるはずだ。

言うまでもなく、本章で紹介する実践にかんして、わたしは徹底して無責任な立場にある。そもそも、ごくわずかな期間しか在職しなかったわたしが、中大附属高国語科の実践について代表性を僭称することは、端的に言って不遜だとも思う。本章のもとになった報告や論文を準備する際、当時の在職教員を含む多くの方々の協力をいただいたが、結局ここで紹介できるのは、過去のわたしが見て、感じた限りでの、とても偏ったイメージでしかない。文責はあくまで、わたし個人に属している。

2 思想としての「課題図書」

本題に入る前に簡単に紹介しておこう。中大附属高は、一九〇九年創立の旧制目白中学を前身とする。吉行エイスケや埴谷雄高も学んだ歴史ある学校だが、一九三五年には杉並に移転、日本敗戦後は新制杉並中学・高等学校として再出発する。一九五二年、学校法人中央大学と合併、系列校「中央大学杉並高等学校」となる。一九六三年には現在の小金井市に移転、「中央大学附属高等学校」と改称（移転前の校地には、あらためて「中央大学杉並高等学校」が新設された）、中央大学の付属校の中では最も古い歴史を持つ。[*2] もとは男子校だったが、二〇〇一年から共学化、二〇一〇年には附属中学校が開校した。わたしが勤務した当時は、高校のみで各学年一二〜一五クラス程度、全校生徒一五〇〇人規模のマンモス校だった。同校のホームページによれば、現在は中学各学年五クラス、高校九〜一〇クラスの生徒が在籍しているという。

中大附属高国語科が長い時間をかけて作ってきた実践の基本コンセプトは、《精読・多読・表現》としてまとめることができる。これらは、いわば「埋め込まれたカリキュラム」として、時間割上の科目展開を支えてきた。コンセプトの鍵となる三つの概念自体に、何ら特別で目新しいものはない。問題はそれを、限られた学習時間の中でいかに具体化し、実現していくのか、ということだ。おそらく、中大附属高国語科が積み上げてきた実践の特徴は、この点に求められる。

《精読》を担ったのは、もちろん、テクストの読解を主とする通常の授業時間である。基本的な考え方としては、複数教員による合議制、と言うべき形式をとった。わたしがかかわっていた現代文系の場合は、学年担当教員がチームを組んで、授業で取り上げる教材を絞り込む（年度につき一〜二本ということが多かった）。さらに、授業準備・教材研究として、テクストのかなり細部まで立ち入った議論（授業打ち合わせ）を行って、教室で披瀝《ひれき》するとりあえずの統一解釈を練り上げていく。それぞれの教員は、その見解をもとに、各自の語り方、授業展開、論証のしかたを工夫し、授業に臨んだ。

ここで言う《精読》にとって決定的に重要なのが、発問から始まる一連のプロセスを授業展開の中心に据えることだった。いくら教員同士が、画期的で教育的価値がある（と考えた）テクスト解釈を完成させたとしても、教室での公共性を持たなければ何の意味もない。しかも、相手は専門的な訓練を受けたオーディエンスなどではまったくない。とりあえず顔はこちらに向けてくれていて、それなりの学習意欲を持ってはいるが、いつでも注意を別の場所に振り向けてしまう、気まぐれなオーディエンスである。だが、なればこそ、教員の提出する論理が試されているとも言える。それなりの教材研究を積み重ねて教室に向かう以上、教員と生徒との間には、知識の面で小さくない差異がある。しかし、その知識の量を教室での権力を担保する条件へと転用することなく、また、一定の専門的な学術的訓練を受けてきた教員の属する解釈共同体のコードにも依存せずに、なぜそのような読解が可能なのか・どうして他ならぬその解釈にたどり着けるのかを語ること。言い換えれば、知識を「教え込む」ことに終始せず、いかにも小難しい専門的なジャーゴンを並べて生徒たちを煙に巻くのでもない。教員としての自己にそうした制約を課しながら、教室でのオーディエンスとの問い＝答えのプロセスを中心化することは、いわば、授業の場に、他者性＝反証可能性を構造的に組み入れようとする試みだと言える。いいかえれば、授業という時空間を、文字通りの意味で弁証法的な思考の展開される場と考えることである。

弁証法的な関係性は、問いを設定する主体（権力を持った存在）としての教員の側にも変化を強いてくる。実際、検討を重ねて教室に出向いたはずの教員が、発問に対する応答や、教室全体の雰囲気を感じとり、解釈の大幅な変更を強いられる、ということは何度もあった。こうした各教員の体感にセンシティヴであることはとても重要である。解釈や論証方法の見直しなど、さらなる教材研究に向かう動機付けを高め、授業準備のための《精読》の必要性を、強く実感させてくれるからである。

しかし、当然ながら、このやり方にはメリットもデメリットもある。この行き方を取ることで、テクストの言葉が歴史的・社会的・文化的なコンテクストの中にあること、また、そうであるからこそ、言葉によってそれらを相対化したり切り裂いたりもできるという言語による知的営為の面白さについても、時間をかけて論じることができる。だが、それだけの時間を費やすということは、生徒が授業を通じて様々なジャンルの文章に触れる機会を奪うことでもある。そこで、その補完的役割を担うのが、高校在学中の三年間で（半ば強制的に）一〇〇冊の読破を要求する、「課題図書」制度である。

わたしの在職当時の進め方を簡単にまとめておくと、各学年を担当する国語科教員が、現在入手可能な文庫・新書から、各定期試験ごとに五〜六冊を協議・選定し、生徒に告知する。これらの本については、毎回の現代文系科目の定期試験に、内容を問う客観問題を出題、読書状況を確認する。当時の中大附属は三学期制を採っていたから、定期試験は中間・期末を合わせて計五回。学年ごとの方針で多少の揺れはあるが、これに、夏・冬・春の休業期間分を加えると、年度ごとに三〇〜三五冊、三年間で約一〇〇冊をカヴァーできる、というわけだ。定期試験では、指定した図書の内容について、正誤問題を出題した。いわゆる〈あらすじ本〉だけではわからないが、読んでさえいればとんでもなく平易な問題というのが、出題担当者の頭にある一応の目安である。実際の出題例として、夏目漱石『三四郎』の問題を紹介しておく。四者択二の客観問題で、生徒たちは二つの選択肢を正答として選ぶ、という問題である。

①与次郎が、広田先生から預かっていた金をなくしてしまった。三四郎は、相談にきた与次郎に、母から送ってもらった仕送りの大半を貸してしまう。だが今度は、三四郎が下宿代を払えなくなってしまった。返すあてのない与次郎は美禰子に借金をたのみ、三四郎は金を借りるために美禰子を訪ねることになる。

②三四郎は、美禰子の肖像画を描いている原口さんの家を訪れた。三四郎は原口さんと話をしながら、モデルをしている美禰子のことばかり考えていた。三四郎は、美禰子に会いたかったから原口さん宅を訪ねたのだと告げるが、美禰子は三四郎を見ようとはしなかった。

③三四郎は、野々宮さんへの嫉妬の思いを募らせ、美禰子を手に入れるために、野々宮さんを失脚させようと試みる。野々宮さんの研究室に忍び込んだ三四郎は、野々宮さんが広田先生と結託して大学で不正を働いているという証拠をでっちあげる。これが原因で野々宮さんは大学を追われることになるのである。

④野々宮さんとの恋に破れた美禰子は、絶望のあまり三四郎と初めて出会った池に身を投げる。たまたま通りかかった三四郎は池に美禰子が浮いているのを発見する。衝撃のあまり呆然とその姿を見つめる三四郎は、美禰子が好きだった『ハムレット』の有名な場面である「オフィーリアの死」を思い出していた。

正解は、言うまでもなく①と②（完答のみを認める）。これで、読んでいない生徒がまぐれで当てる確率がぐんと減ったそうだ。これを一冊につき二題出題し、一題につき三点と設定していた。つまり、一〇〇点満点の定期試験中、(二×三)×五冊＝三〇点分を、「課題図書」が占めていた。かなり大きな比重・負担であることは確かである。

おそらくこれは、巷間言われるような「読書指導」ではない。事実、中大附属高の国語科教員だった福田亮雄が「図書館の全国大会に出席した際」には、「百冊の本を強制的に読ませると学校案内に書いてある、とんでもない学校」と揶揄されたと言う。[*3]定期試験への出題を読書のインセンティヴとする発想には、当初、教員・生徒双方からの抵抗はあったと聞いている。制度化されて間もない頃の学校新聞には、「課題図書に時間をさかれて」数学や英語に手が廻らなかったとか、「ほかに読みたい本があっても」読む時間がない、といった批判が掲載されている(H・O「課題読書について」『中央大学附属高校新聞』一九八三年七月二〇日)。

たしかにこのやり方は、読者の自発性に期待し、読書を通じた問題意識の涵養を目指す考え方とは対極的である。しかし、一般的な読書推進運動は、本に興味を示してくれた特定の読者とのかかわりをロマンティックに描きすぎてはいないか。ある個人が書物と出会い、そのことによって人間として大きな変化を遂げていくという物語は確かに感動的ではあるが、一般的なケースとは思えない。自分から本を手に取ってくれる者は少ないし、ましてや、本好きを自称する者も、必ずしも出会って欲しい本と邂逅しているとは言いきれない。加えて、暗黙の定型的反応を強いる読書感想文という制度への嫌悪が、書物それ自体に対する嫌悪感につながってしまうことは少なくない（元生徒だった教員にも、多少の身に覚えはあるはずだ）。課題図書制度は、あまねくすべての生徒に読書を要求する。そして、その結果の確認は、基本的には読んだという事実性だけしか問わない客観問題によって行っていた。これは、なるべく多くの生徒に多くの書物に出会わせるため（出会いを強制するため）考え出された、決して最上ではないが、一つの方法だったと思う。

表現指導の本格的な導入も、課題図書の制度化と前後していたようだ。一九七八年告示・一九八二年実施の高等学校学習指導要領改訂で登場した科目「国語表現」をカリキュラムに組み入れたもので、資料を遡ると、一九八四年度の三年生科目・二単位として設定されたのが始まりのようである。わたしの在職時は、第三学年の文系コースに配当されていた。

当時、文系コースは毎年一〇～一二クラス作られていたが、原則として、各クラスを一人の教員が担当する。生徒は自然科学以外の分野から任意のテーマを決め、一二月までに、四〇〇〇～八〇〇〇字を目安としたレポート提出を義務づけられる（校内では、大学に倣って「卒論」と読んでいる）。熱心な生徒の中には、原稿用紙換算で五〇枚を超える大作を書く者もいる。だが、教員側としては（少なくとも、中附教員時代のわたしは）積極的に内容に立ち入った指導はあまりしなかった。むしろ、引用の作法・注の付け方・参考文献リストの作成といった形式の徹底を求めていた。様々な進路に開かれた段階の生徒たちにとって必要なのは、今後いくらでも身に付けられる専門的な知識の多寡よりも、他者の言葉に耳を傾け、他者と共に考える知的な誠実さと、そのための方法を習慣化することだと考えるからである。むろん、内容を疎かにはしていない。優秀論文は、国語科の専任教員全員の選考を経て、生徒会発行の年刊誌『蒼穹』に掲載・公表していた。

以上が、簡単ではあるが、《精読・多読・表現》三つの実践の説明である。しかし、どうやらこれらは、一貫した理念があって立案されたわけではなかったようだ。というのも、当時を知る現職・退職教員に聞き取りを行った際に困ったことは、語り手の記憶がまるで一致しなかったことだ。その象徴的な例が、課題図書制度導入の経緯をめぐる記憶の葛藤に見て取れる。資料をひもとくと、『中央大学概要　一九八八年度版』には、中大附属高国語科の教育目標の欄には、以下の文言がある。

読書　読書習慣の定着を目指し、「課題図書」の名で昭和54年度から始めた。文庫・新書を毎週1冊のペースで、3年間に百冊を読破させる。小説類が主であるが、近年、各教科の授業内容との関連で選ぶものも増加傾向にある。

課題図書制度の基本となる考え方がすでに出来上がっていたことを示す文章であるが、「昭和54年度」から開始という記述をあとづける資料は見出せていない。中大附属高の地歴科教員だった保坂治朗がまとめた年表には、一九八二年四月九日条に、「課題図書「百冊の本」始まる（立原正秋「冬の旅」、三木清「人生論ノート」、吉野源三郎「君たちはどう生きるか」など）」とある。[*4] 資料的に遡ることができる課題図書リストの、もっとも早い年次も一九八二年度入学生のものだった。この制度の導入は、何より生徒にとって重大な事件だったはずだが、『中大附属高校新聞』紙上での、最も早い言及は一九八三（昭和五八）年以前には遡れない。のみならず、そもそもこの制度が、どんな経緯で始まったかさえ判然としない。この他、わたしの手もとには年次を明らかにしない「課題図書一〇一選」なる表もあるのだが、これについては、課題図書導入前に作った叩き台である、という説と、制度的な導入にあたってまとめた職員会議提出用の資料である、という説があって、誰が作ったのかということから諸説が入りまじった、実ははなはだ謎めいた文書なのである。

しかし、これはある意味で大変に興味深い事態だと思う。それぞれの現場で教員たちが機に臨んで試行錯誤し、取捨選択がなされた結果として現行の形態があり、だからこそ、各人にとっての始まりや物語がある、と考えられるからである。例えば、「課題図書」の試験問題は、当初、内容にかんする四者択一・各二点・一〇点満点として出発している。当時の問題は、次のようなものだったという。[*5]

［問］『高円寺純情商店街』で、父親の作った俳句（部分）は、次のうちどれか、適当なものを選び記号で答えよ。

イ、卵にひびは走りけり
ロ、竹輪の穴に蠅とまる
ハ、干物の色は移りゆく
ニ、鈍きつやある煮干かな

（正解はロ）

問題作成者にとってやさしい（作りやすい）問題だという印象だが、しかし、「読んでいないのにまぐれで当たる者がいる」「せっかく読んだのだからもっと評価して欲しい」という要望に合わせ、配点や出題形式が見直されてきたという。選書についても、はじめ、高校生段階で読むべき本という文脈で、国語科以外の教職員にも推薦を求めていたと聞く。そのためだろうか、自然科学まで含めた各分野・領域をカヴァーする教養主義的な名作選という傾向が強く、いま・なぜその本かという問題意識はあまり見られなかった。しかし、少なくともわたしの在職当時は、原則として各学年担当の国語科教員が責任を持つ形で、授業内容との連携だけでなく、生徒の状況や現在の社会問題を念頭に置いた選書が行われていた。

言うまでもないことだが、以上の実践は、中大附属高という学校の特殊性を抜きにしては語れない。そもそも、中大附属的な《精読》への志向は、高校教員であると同時に、研究者的な資質をも兼ね備えた個人がたまたまいたというだけでは成り立たない。一学年が一二クラスを越えることもあった大規模校で、しかも、系列大学への内部推薦基準をできるかぎり統一的なものとする必要があったゆえの発明であるし、そうした学校システムに新任教員を慣らすためのon-the-job trainingという意味合いもあったと予想される。「課題図書」を定期試験に出すことが読書への動機付けとなるのは、その点数の累積が、系列大学への内部進学の推薦席次に反映する仕組みを採っているからだ。「表現」の授業で、文系コースの三年生全員に、様々な分野にわたるレポート提出を求めることは、一八万冊を超える蔵書数を誇る高校レベルでは有数の図書館施設と、熱心なスタッフの協力なしには不可能である。

ただ、こうした諸条件をどう活かすのか・実践を可能にする条件それ自体をいかに確保していくのか、という問題は決定的に重要だ。蔵書一八万冊の図書館と一口に言うが、一朝一夕で作れるものではない。「国語表現」の出発当初は、悪文訂正や時事小論文など、さまざまな試みがあったとも聞く。わたしが赴任したころは、「国語表現」の授業でひたすら短歌や俳句を作らせていた教員もいた。そして、「課題図書」制度が、少なくとも二五年間、学校組織の中で理解を得、それなりに定着してきたのは、他教科も含めた教員集団が様々な場面で様々な相手にかかわって、辛抱強くその意義を語り、折衝や交渉を重ねてきた結果だと推測される。

おそらく、教員の個別的な場面にも同じことが言える。ありていに言って、この企ては、生徒たちにかなりの経済的・時間的・精神的負担を強いている。教材に教科書を使わないことの方が多いので、余計に、必ずしも専門性が求められているわけではないし、大学と違って自分の意志で履修を辞退できない高校の教室で、なぜその作を《精読》するのかという問いは、つねに教室に潜在している。「課題図書」についても、メディアとしての本の特性を大事にする観点から、できるだけ購入し手元に残すよう指導していた。そのため余計に、なぜその本を買って読ませるのかが問われる。実際に、生徒・保護者・関係者から、選書に対する批判の声を聞くことは少なくなかった。

けれども、こうした類の問いに対して、すべての人間を納得させ、満足させる答えは存在しない。とくに、近視眼的・即時的な有用性を期待する声には、ほとんどまったく応えられない。だが、よく考えるなら、かりに教科書しか使わない現場だったとしても、同じ問いは問われうる。少なくとも国語科の高校教員は、教科書を選ぶ現場で影響力を行使することも、扱う教材を選ぶこともできる。つまり、行為者《エージェント》として考え、選択し、判断し、決定する余地がある。授業として何を取り上げ、どの程度の時間をかけるのかは、原理的にはすべての教員に問われており、しかもそこに絶対的な根拠はない。「読書指導」として本を紹介する際も同様である。

もちろん、そこに居直るわけではない。いつ誰に語っても通用する原理や根拠がないからこそ、教室その他での関係性が重要になる。学校は、その時だけ満足してもらえればよいサービス業ではないから、機会主義的な判断ではなく、時間的な継続性が問われることにもなる。一度きりでは終わらない交渉と対話は、とりあえず教員が準備できた言葉から始まっていく。その対手は、様々にありうるが、学校という制度を考えれば、生徒や保護者との交渉は決して対等なものではない。が、どんな場面であっても、交換される言葉のはしばしが、教員としての創意工夫のきっかけにも動機付けにもなる。こうした関係性は（より教員の側にとって）教育的だろう。

広田照幸は、「個々人が相互に異なったパーソナリティや力能や文化、価値観を持って多様に分布しているのに対し、物質的な形態を備えた制度（「学校」など）であれ、観念が共有されることで成立している制度（「教師―生徒関係」）であれ、制度は標準化された形で存在する」以上、個人と制度の軋轢や不可避的であり、「それが存在することこそがシステムとしてノーマルだし必要である」と述べている。*6 わたしが経験した中大附属の方法は、読書指導一つとっても、あからさまに強制的だ。授業でも自学の場面でも、教員が読ませる本を指定できる以上、「こんな本を読ませた」という自己満足に陥る危険性と背中合わせであるだけでなく、学習者としての生徒を、自らの自己実現にとっての道具的存在へと押し込めてしまう恐れさえある（半強制的に読ませたにもかかわらず、それを自らの教育の成果だと自己欺瞞すること。わたし自身、この危うさから自由だったかまったく自信がない）と思う。しかし、現在の学校システムにおいて、制度と個人の軋轢は避けられず、しかも、教員の側が個人に何らかの権力を行使しているという条件はなかなか逃れがたい。であるならば、教員の権力性を声高に指摘し、そうすることで、あたかも自分だけはそこから自由であるかのように振る舞うのではなく、それぞれが置かれた場面や対象に応じて、制度や仕組みを調整・制御することに意を尽くすほうが、よほど知的で生産的な営為ではないかとわたしは思う。

中大附属高での国語科の実践を支える基本的な考え方は、みずからの立ち位置に伴う強制性を自戒として強く意識し、そうであるがゆえに、実践のレベルではつねに生徒にとっての余地・余白を残すよう配慮する、というものだった。形式のレベルではたしかに強制的だが、それ以外ではできるだけ介入や干渉を避ける、とも言いかえられようか。しかも、こうした実践やそれを支えるコンセプトが、トップダウン式ではなく、現場の教員たちの創意工夫によって発明され、曲がりなりにも維持された、という点も重要だと思う。中大附属という場を知り、そこに集う生徒たちにとって何が必要かを、教員たちが真剣に考えてきた結果だったからである。

だが、以上のような、それぞれの現場の固有性を考え抜いた末の教員たちの行為者性の発現が、年を追うごとに難しくなってきたことも事実である。とくに二〇〇〇年代以降、かつて受験競争批判とセットとなって語られていたものとは質の異なる管理的な教育体制が、教員に対するネガティヴ・キャンペーンとセットになって、「国民」的な同意のもとに、作り上げられてきた。次節では、その国語科におけるあらわれを見てみよう。

3　現代の言語政策と権力の代理人《エージェント》

かつての生徒たちがどうだったかはよくわからないが、わたしが中大附属高に勤務していた頃、いわゆる受験対策教育からは逸脱した授業を展開することに対して、不安を口にする者によく出会った。他校生の友人との会話から、かりに大学に入学しても、圧倒的な学力差がついてしまっているのでは、と考えたようなのだ。そんなとき、教員としてのわたしは、国語科の特性を説明したあとで、よくこう付け加えていた。現代文の大学入試問題を解く授業より、この学校の授業の方が、本質的な「リテラシー」の勉強になっているはずだ、と。だが、今になってこの答えは、生徒の問いかけから本質的には逃げていたと思う。受験という、差しせまった・目に見える結果の出る目的とは違った意味で役に立つ「リテラシー」について、具体的には語らなかった。もしくは、語ることができなかった。また、その言葉が現在、どんな文脈で用いられているかについて、たいして意識的でもなかった。つまり、当時のわたしは「リテラシー」や「技術（スキル）」という概念を考え抜き、言説として鍛えていくことを怠っていたのである。

なぜこんな恥ずかしい思い出話を書いたかと言えば、二〇〇〇年代以降の国語科を取りまく語りにあって、これらの語こそが、政治的な抗争の焦点となったからである。

教育をめぐる語りの中で、「リテラシー」という概念に注目が集まるきっかけとなったのが「二〇〇三年　OECD生徒の学習到達度調査（PISA）」の結果公表（二〇〇四年一二月）だったことは間違いない。つとに石原千秋や岩川直樹が指摘したとおり、この調査結果は、かなりあからさまに政治利用された。[*7]折から、マス・メディアが「ゆとり教育」を攻撃する言葉をさかんに喧伝していた時期であった。そこには、教育の徹底的な私事化＝民営化に対する的確な批判も少なからず含まれてはいた。しかし、学習内容の軽減と教育の質的な変化と日本経済の衰退とを無媒介的に結びつける論調と、自分たちの受けてきた教育内容でしか物事を判断できない人々の教育現場に対する無理解とが相俟って、「ゆとり教育」見直しを言質とした政治による教育への介入・干渉を正当化する、格好の条件が醸成されてしまっていた。じっさい、ＰＩＳＡ調査結果公表から約一〇日後、当時の文部科学大臣・中山成彬は、中央教育審議会総会の席上、「ゆとり教育」を旗印とした現行学習指導要領の見直しを明言した。[*8] いわゆる「ＰＩＳＡショック」は、詳細な内容の分析やデータの吟味がなされる以前に、こうした語りの中で作られたのだった。

事実、文部科学省の対応は、異例なほど迅速であった。結果公表の一ヶ月後には、臨時全国都道府県・指定都市指導主事会議の席で「中間まとめ」が提示され、二〇〇五年一二月には、「読解力向上プログラム」が公表された。これらの文書が提唱した「ＰＩＳＡ型読解力」なる標語は、いくつかの曲折はありながらも、「新しい国語科」の立論の底流となっている。事実、ジャーナリストの矢内忠は、当時の中教審教育課程企画特別部会の事務局側の説明から、「次期指導要領はＰＩＳＡにどう対応するかが一大テーマ」になること・「文科省は全国学力テストもこれに対応させたいらしい」様子がうかがえたことを指摘している。[*9]

だが、ここでは、ＰＩＳＡ調査自体を俎上には載せるわけではない。[*10] 重要なのは、ＰＩＳＡ

調査を語る言葉が、現在の国語科や、言語教育・言語政策をめぐる言説の系に、どのように節合されたかの方である。そして、総じて言えば、「読解力低下への対応・対策」として提起された問題意識は、近年の言語行政・教育行政の目論みと、決して矛盾するものではない。その端的な例が、二〇〇四年二月にまとめられた、文化審議会国語分科会答申「これからの時代に求められる国語力について」（以下、文化審答申と略記）である。[*11] 時期を見ればすぐにわかるが、ここに、「PISA型読解力」という言葉は登場しない。内容的にも、「文学」に対する評価に違いを見ることはできる。だが、そうした細部に引かれて、PISA調査公表の以前／以後という対立軸を作ることとは、木を見て森を見ず、という感なしとしない。文化審答申にしても、「読解力向上プログラム」にしても、基本的には、自民党の右派が率いる政権にとっての課題である「教育改革」の流れに棹さすものであって、いくつかの揺れはありながらも、思想的な通底性や政策的な一貫性を指摘することができる。ここでは、この二つの文書がどのように節合されたかに注意しながら、分析と記述を試みたい。

まず、文化審答申から見てみよう。この答申は、四〇ページを超えるたいへん大部のものであるが、特徴的な論点は、次に挙げる三つである。

①感情共同体への強い志向

この答申の特徴の一つは、「文学」に対する高い期待の表明である。ただし、ここで言う

「文学」には、露骨な選別と排除の線が引かれている。答申は、次のように述べる。「我が国の先人たちが築き上げてきた詩歌等の文学を読むことなどによって」「美しい日本語の表現やリズム、人々の深い情感、自然への繊細な感受性などに触れ、美的感性や豊かな情緒を培うことができる」と。つまり、「文学」がかかわるのは、思想性や政治性などではまったくなく、人間の心情や、特定の文化的な枠組みにおける審美性に限られる、というわけだ。加えて、ここで言われる「情緒」の中身にも注意が必要である。「情緒」は、場面に応じて形を変えながら顕在化するものと考えられているようだが、とりわけ、集団や共同体の秩序と調和的に存在するために拠るべき規準・規範を想起させる語が優先的に列挙されている（「人間として持つべき、勇気、誠実、礼節、愛、倫理観、正義、信義、郷土愛、祖国愛」）。こうした「文学」の捉え方が、今回の「言語文化」「文学国語」の設定につながっていくことは明らかだろう。

答申の後半で示される「読む力」の評価指針も、上記の方向性と見合ったものだ。「読む力」を評価する軸は「論理的・説明的な文章において、的確に論理を読み取ることができる」「文学的な文章において、気持ちや感情を十分に汲み取ることができる」「古典（古文、漢文）の文章に親しむことができる」の三つだが、とくに「文学的文章の読解」にあたっては、個としての読者が、いかに積極的に作中人物に「感情移入」し、その「気持ちや感情をくみと」ろうとしたかが問題化される。すなわち、答申が求める「文学」は、管理や統制の網の目から漏れ出るつぶやきや、声なき声としての雄弁な沈黙を拾い上げる抵抗のメディアではありえない。この答申が求める「文学」とは、感情を媒介として、「美しい」ものとして素描される共同体の価値を内面化し、それに対して積極的に挺身・貢献する主体を形成するツールだけが必要なのである。

②コミュニケーション万能主義

同様の問題は、文化審答申の次の一節についても言える。

さらに、都市化や少子高齢化などが同時に進展する中で、家庭や地域の教育力の低下や世代間の人間関係の希薄化等が進行しつつある。異なる世代間における円滑な意思疎通は、今後ますます困難になっていくと考えられる。この危険を回避するには、上述の国語の運用能力に加えて、高齢者と若者との間で一定の国語的素養を共有しておくことが大切である。

いじめや不登校、家庭内暴力、少年非行などの子供をめぐる諸問題についても、子供同士、子供と教員、子供と親、子供と大人などの間で言葉を介しての意思疎通や、日常的なコミュニケーションが十分にできなくなっていることが、一つの原因ではないかと指摘する声もある。これらの諸問題への対応の面からも、言葉を用いて伝え合う能力の育成は子供たちの教育における喫緊の課題であると考えられる。

紅野謙介は、「(二〇二〇年の――引用者註) 入試改革と新指導要領の実態から垣間見えるのは、改革を進めようとしている大人たちの深層にある「コミュニケーションへの固執」であり、強迫観念に似た「病」の徴候ではないだろうか」と指摘していた。[*12] 改めて振り返るなら、その「徴候」は、すでにこの段階からあらわれていたのである。

文化審答申は、ほとんどの「社会問題」がコミュニケーション不足に起因するかのように語っている。だが、問題はそれだけではない。ここには、答申が予期し、自明の前提と見なしている近未来の姿が端的に表出されている。「価値観の多様化」と言われれば中立的な表現にもとれるが、つまりは、思考・発想・認識・世界観に到る、相当に深い社会的な分断状況がイメージされている。いわば、日々の暮らしそれ自体が、すでに社会秩序・社会統合にとっての危機的瞬間として表象されているのである(例外状況の日常化した生活世界)。先の一節には、「若者」が理解できない他者として現前することへの恐怖が色濃く刻まれている、とも言える。そのため、世代を跨ぐ「日常的なコミュニケーション」が、亀裂を表層のレベルで一時的に縫い合わせ、あるいは決定的な衝突の局面を未然に察知するカウンセリング的予防行為として位置づけられることになる。だが、そもそも「異なる世代間における円滑な意思疎通」なしに、カウンセリングなどありえない。そこで、学習者＝「若者」の側が、「高度な国語の運用能力」を身に付け、とくに「高齢者」とも通じ合える「素養」を持たなければならない、というのである。ここからは、右派的な教育「改革」の推進者たちが切望する「奉仕活動の義務化」のような政策目標との連関が、容易に想像される。[*13]

③再帰性の極大化

それにしても、文化にかかわる（自称）専門家が多数関与したとは思えないほど貧しい言語観しか描けない答申が考える「高度な国語の運用能力」とは、いかなるものなのか。「これからの時代に生きる」主体たるためには、どんな言語的プログラムを内面化させられるのか。それが、わたしの指摘する第三のポイントである。答申は、「国語力」を、「考える力」「感じる力」「想像する力」「表す力」の四つに分類する。ただし「物事を考え、感じ、想像することにより、言語を中心とする情報の内容を正確に理解できる」という観点から、はじめの三つを「理解する力」と概括可能である、とも言っている。こうしたまとめ方だけでも、「受け手」としての能力に力点が置かれていることは明白だが、とにかく興味深いのは、答申がそれぞれの「力」に加えた説明の言葉である（傍線は引用者による）。

【考える力】とは、分析力、論理構築力などを含む、論理的思考力である。分析力は、言語情報に含まれる「事実」や「根拠の明確でない推測」などを正確に見極め、さらに、内在している論理や構造などを的確にとらえていける能力である。また、自分や相手の置かれている状況を的確にとらえる能力でもあり、知覚（五感）を通して入ってくる非言語情報を言語

化する能力でもある。〔略〕

【感じる力】とは、相手の気持ちや文学作品の内容・表現、自然や人間に関する事実などを感じ取ったり、感動したりできる情緒力である。また、美的感性、もののあわれ、名誉や恥といった社会的・文化的な価値にかかわる感性・情緒を自らのものとして受け止め、理解できるのも、この情緒力による。さらに、言葉の使い方に対し、微妙な意味の違いや美醜などを感じ取る、いわゆる「言語感覚」もここに含まれる。

【想像する力】とは、経験していない事柄や現実には存在していない事柄などをこうではないかと推し量り、頭の中でそのイメージを自由に思い描くことのできる力である。また、相手の表情や態度から、言葉に表れていない言外の思いを察することができるのも、この能力である。

この引用文の内容を、より具体的に敷衍してみよう。言表に内在する構造や、自分と相手が置かれた状況を的確に察知する。五感を存分に働かせ、非言語情報を的確に言語に置き換える。文字を読み取り、それを媒介として、美的・文化的感性や「情緒」に同一化し、それを「自らのものとして」受け止められる。場面や状況に応じた微妙なニュアンスの違いや、言語としての美醜（だが、とは何か?）に鋭敏で、相手の一挙手一投足に気を配り、どんな「言外の思い」が表出されているかを察知できる――。こんな超人的な受け手が、現実に存在するとは思えない。これではまるで、君主の表情を怯えつつ窺っている臣下のようではないか。いつも読み損ねること・情報を取り逃がすことを恐怖し、そうであるがゆえに、現実世界で極限の緊張を強いられている身体。物理的時間が止まらない限り、読みうる／受け取りうる情報が途切れることはない。しかし、少しでも多くの情報を感知しようと身構え続けることは、それらを蓄積し、一貫した連続性をもった情報として反省的に捉え返し、そこに走る差異や同一性を思考するだけの時間と余力と動機付けの剥落しか結果しない。つまりこの答申は、考え・感じ・想像することの重要性を説きながら、実は、センサーのように即時的に反応する身体の構築を夢見ているのである。

もちろん、人間は機械にはなれないのだから、こうした身体のあり方が実現できるとは思えない。問題は、こうした身体技法が教育の現場に持ち込まれ、しかも規範として内面化されたときに、どんな事態が起こってしまうのか、ということである。ふだんのコミュニケーションの場面を想像してみればよい。人間の知覚や意識には限界があるのだから、見落とし・読み落としとして、事後的に気づかれる情報は少なくない。しかし、その自覚が、応答責任を感じた結果としての新たな対話に向かうのではなく、あくまでその瞬間での受け取りの失敗としてしか認識されないとき、主体は、情報を取り逃がすわけにはいかないと、受け手としての技術・能力の向上へと駆り立てられていくはずだ。受け手としての自己自身に対する、再帰的なモニタリングが身体に組み込まれていくのである。

この「受け手としての自己規律化」という論点こそが、二〇〇四年のＰＩＳＡ結果公表の以前・以後を接続するポイントに他ならない。ＰＩＳＡ結果報道の際、マス・メディアは、自由記述部分の「無答率」の高さをこぞって「表現力の欠如」と指弾したが、「読解力向上プログラム」は、そうした弱点克服のためにも、まずはきちんと「読む」ことから始めよう、と提案する。そこで提唱されたのが、「クリティカル・リーディング」なるキャッチ・コピーである。

　わたし自身、この言葉にそんな意味があることを初めて教わった気がするが、「クリティカル・リーディング」とは、「テキストについて、内容、形式や表現、信頼性や客観性、引用や数値の正確性、論理的な思考の確かさなどを「理解・評価」したり、自分の知識や経験と関連づけて建設的に批判したりするような読み」方であると定義されている。つまりは、「テキスト」に対してメタレベルに立ち、書き手が書きたかっただろう意図を忖度し「理解」した上で、論証や表現のあり方を技術的に「評価」する、ということだ。たしかに「批判的《クリティカル》」とは書いてある。だが、求められるのは、テクストの文言を疑いなく受け入れ、あくまでその問題構成の内側でのみ思考することである。たとえば、中大附属の《精読》が実践してきたような、テクストそのものを相対化したり、歴史的・社会的なコンテクストにおいて読み返したり、いま・ここの現実を理解する手段と見なしたりすることは、はじめから想定されていない。先の答申が、受け手としての能力開発に重きを置いていたとすれば、今度は、受け手としての思考の規律化・水路付けが意図されていると言ってよい。

そう考えてみると、このプログラムが金看板としている「ＰＩＳＡ型読解力」とやらの説明にも、気になるところが見えてくる。「自らの目標を達成し、効果的に社会に参加するために、書かれたテクストを理解し、利用し、熟考する能力」。だが、そもそも、「効果的」に社会に参加するとは、どういうことなのか。その「効果」は、いったいどこの誰が計測し、判断するのか。そもそも「社会」参加のあり方として、有効とか無効という言い方ができるのか――。社会的に有用な「リテラシー」の涵養を説きつつ措定された「ＰＩＳＡ型読解力」という概念は、「社会」に対する能動的・積極的なかかわりを、あらかじめ排除・棄却してしまっている。たとえば、現在の「社会」のあり方に疑問を持つことや、「社会」内部のさまざまなコンフリクトに目を向けることは、「効果的」なかかわり方ではない。要求されているのは、すでに与えられた環境としての「いま・ここ」に対する、学習者の側の、速やかで効率的な自己調整・自己規律化なのである。

困ったことに、こうした「読解力」の定義は、教員にとっても都合のよい状況を作り出すことになる。何しろ、授業を受ける側に、受け手としての徹底した規律化とテクストへの従順さとが要求されるのである。

それだけではない。早くから千田洋幸は、教室での「伝え合い」を自己目的化し、「教室内のディスコミュニケーションを、あたかも存在してはならないものであるかのように隠蔽してしまう強迫観念」に警鐘を鳴らしていた。[*14] コミュニケーション至上主義的な発想は、受け手の側の「分からない」「理解できない」「納得できない」「受け入れられない」というさまざまな「否」を抑圧する。そのような発想が支配する場においては、コミュニケーションの不成立や挫折は、次なる応答に向かう動機付けとなるよりは、「分からない」と感じた受け手の問題へと帰責されてしまうのである。このような教室は確かに、教員にとって管理しやすい空間になるだろう。教室に響く声が、実質的には教員の声（と生徒たちによる反復）だけになるからだ。しかし、その代わりに、教室での抜き差しならない、緊張感を持った対話が消えていく。なぜこの時間にこのテクストかという潜在的な問いが消されれば、教員があれこれと工夫を凝らし、考える意味や動機付けが失われる。何より、持続的な対話と交渉がないところでは、どんな創意も実践も空しいだけだろう。かつて佐藤泉は、二〇〇二年度実施の高校国語学習指導要領に触れながら、「新しい「国語科」の提唱するコンテクストの言語学とは、発話の場面において想定外の「他者」とならないように振る舞うことを話者に期待しつつ、そこからさらに発話の場から予測不可能性、他者性を周到に抹消するだろう」と述べた[*15]。こうした方向性の行き着く先は、国語科の教員が、教室のセキュリティの維持という点で、言語による治安維持政策の末端を担わされる未来である。すなわちそれは、権力の代理人《エージェント》としての役割に他なるまい。

4 「希望」を語るために

以上、本章ではまず、中大附属高国語科の教育実践を、教員集団の経験的な知の蓄積が織り上げた実践の例として位置付けた。その一方で、文部科学省の言語政策・教育政策を端的に示すいくつかの文書のテクスト的な分析から、本質的には他教科でも他校でも様々にありえただろうこうした「下からの」実践の可能性を切り縮めていく方向が既定路線となっていたのではないか、という疑問を提出した。

むろん、わたしが分析を試みたのは、あくまで一つの審議会の答申であり、文科省が立案したプランでしかない。よって、これが直接に教育現場に持ち込まれたわけではない。だが、新学習指導要領が規定する「新しい国語科」以前に、このようなグランドデザインがすでに描かれてしまっていたことは、否定できない事実である。しかもそこでは、従来の事態を批判的に捉えるために用いられた語＝概念が、領有され盗用される形で、論理構築がなされてもいる。この間の教育をめぐる語りでは、よく考えれば自分たちが率先して壊していたものを、大向こうに「壊れている」と煽りたてて、抜本的対策と称する管理・統制政策に対する同意を調達していく、といった傾きが見て取れるが、「国語力」「読解力」にかんしても、似た状況があると言えるだろう。そこで最後に、二つのことを述べておきたい。

まず第一に、こうした状況だからこそ、「リテラシー」という語を、それを語る文脈を、奪い取るための批判が重要だということだ。「リテラシー」教育は必要不可欠だが、それは文化審答申や「読解力向上プログラム」の言うような意味ではない。知識・知見としての有用性を効率性や経済の語彙に短絡させないために、あるいは、「社会」という概念を既存の秩序や自然に与えられた環境と同一視させないために、実践を語る文脈を引きつける批判である。しかし、そのためには「文学教育」だ、と言いたいのではない。むしろ、現在まで文学研究が積み上げた知識や分析の手法を、「いま・ここ」を読み抜くためのツールとして提供し、活用することを考えるべきだと思う。自ら対象を測定し、資料に対して補助線となりうる言葉を招き寄せ、文脈に働く力関係を慎重に測定しながら、言表の意味作用に限定をかけていく。そして、結果的に見えてきたものに、どんな解釈可能性があるかを考察していく——。一般に「文学」とされるテクストも使って教育を受け、現在はそれを用いた教育を行う立場の人間としては、教室で語る言葉の中に、期待される受け手像を相対化するために使用に耐えうるツールがあることを伝えたい。それはまさに、「批判的」な読解という標語を再定義することである。現在の日本語による文学研究には、その程度の運用ができる資産はあるはずだ。

第二に、こうした「批判的」な読解を推し進めていくことは、生徒の側に、教員のスタンスや論理を批判する武器を提供することでもある。だが、すでに見た通り、その契機を失った瞬間に、教員は治安維持権力の代理人になり了せる。教室を問いの潜在する弁証法的な場として定義することは、生徒によってそれが内側から破られる可能性をはらむが、そのような余地・余白を意識的に作っていくことこそ、中大附属国語科がやってきた（やってきてしまった）ことではなかったか。教員の声によってのみ教室を覆い尽くすのではなく、猥雑な余白も必要と認める慎しみと寛容さ。それを忘れた瞬間に、国語科の実践は、単なる教員の知識と価値観の縮小再生産の場に頽落していくだろう。経験的に言えると思うが、様々な試行錯誤が可能な空間であるためには、教室は、少しは猥雑だった方がよい。教員の声だけが響く、教員にとって管理しやすい教室を作ることは、当の教員を管理することの潜在的な有効性を権力に教えてしまうことでもある。だから、学校は狙われる。

本章のもとになった報告を行った学会は「文学教育の転回と希望」をテーマに掲げていた。だが、「希望」を語るためには、未来に向かう時間の観念が必要になる。非常に世俗的な意味も含め、現在は、蓄積・咀嚼・選択・判断といった活動を可能にする物理的・心理的な余白がどんどん削り取られ、時間をかけることに対する無理解と不寛容が、社会的な拡がりを見せている。たしかに教員の多繁化・多忙化は著しく、その意味では、教員がものを考えたり、社会的に行動するする可能性を奪い去ろうとする政治の目論みは成功しているのだろう。しかし、いま・この瞬間しかないということは、過去も未来もないということである。だからこそ、「個性化」のための資産として、「伝統」という記号がパッチ・ワーク的に持ち込まれもする。

改めて振り返ってみると、学校の「国語の時間」とは、どうにも位置付け難い、不思議な時間だったように思う。いったい何を教える時間なのか、文学教育なのか言語教育なのかという論議が延々と続いてきたのも、そもそもこの時間が、実はごく曖昧な、器のような時間だったからではないだろうか。場合によっては教科書さえ必要とされない教材選定の自由度の高さは、時として、他教科に対するいわれなき優越感や教員の大きな勘違いを生みつつも、この時間の特権としてあった。だが、この時間のおおらかさに、教員は、わたしも含めて、少し甘えていたのかも知れない。

［付記］

文中でも述べたように、本章の内容は、既発表の拙稿「思想としての〈課題図書〉」（『教育・研究』二〇〇八年三月）、「〈国語の時間〉との対話」（『日本文学』二〇〇七年三月）を再編集したものである。採録にあたっては、明らかな誤りや表記の修正、情報の補足を行った以外は、新たな論点を付け加えることをしなかった。二〇〇〇年代初めの言語教育をめぐる社会的・政策的動向と、それを踏まえた問題提起としての意味合いを重視したためである。また、本章は、わたしが二〇〇六年から二〇〇七年にかけて行った教員・元教員の方々へのインタビューにもとづくものである。貴重な情報と資料の提供をいただいた、宇佐美進一・兼松勉・久保克人・桜井強・竹島和正・長谷川達哉・福田亮雄・矢野正照の各氏に、改めて心からの謝意を表したい。

教科書と検定

社会科（地理歴史科・公民科）の教科書検定は、長きにわたって、国家の公的なイデオロギーと教育・研究の論理とが交錯する焦点となっている。三二年間に及んだ家永三郎の裁判やいわゆる「近隣諸国条項」の存在はよく知られる。二〇一四年には、当時の下村博文文部科学大臣の主導で、「近現代の歴史的事象のうち、通説的な見解がない数字などの事項について記述する場合」は、そのことを明記せよという条項が加わった。明らかにいわゆる従軍慰安婦問題や南京事件をめぐる記述を狙い撃ちにしたものだ。

いまのところ、国語科の教科書検定が政治問題化した例はない。二〇一四年に自民党の義家弘介議員が、筑摩書房版の『国語Ⅰ』（一九九八—二〇〇二年版）の一教材について「自虐史観的」と批判したことがあったが、観測気球をあげただけに終わっている。そもそも、小中高を合わせれば膨大な数にのぼる国語の教科書教材の中で、一〇年以上前の過去の文章しか持ち出せなかったという事実が、為にする批判だったことの証しに他なるまい。

現行の日本の教科書検定の仕組みを確認しておこう。学校教育法は、小・中・高校で用いる教科書（法的には教科用図書）は、文部科学省による検定を経なければならないと定めている。高校教科書の場合、文科省が告示で定めた「高等学校教科用図書検定基準」に則って検定が行われる。具体的には、高校国語科の「学習指導要領」に掲げられた「内容」「内容の取り扱い」を不足なく取り上げているか、逆に不必要なものはないかがチェックされることになっている。教科書を販売する各版元は、指定された期日までに発行予定の教科書を提出、文科省の教科書調査官による意見書の作成と、文部科学大臣の諮問機関である教科用図書検定調査審議会での審議を経て、文部科学大臣名で「検定意見」が通知される。各版元は、その意見を踏まえて修正を行い、再度検定を受けることになる。「検定意見」に不服がある場合は、大臣宛に「申立書」を提出することもできる。二〇一六年三月からは、検定上問題とされた箇所があまりに多い教科書には再申請を認めない制度が導入された。二〇二〇年三月、歴史修正主義的な主張を掲げた自由社の中学歴史教科書が、この制度の適用第一号となったことが報じられた。

わたしの知る限りだが、高校国語科の検定にかんしては、版元と文科省とが対立的になることは少なかった。検定意見通知はその名の通り「通知」の場なので、三谷幸喜が『笑の大学』で描いたような、担当官と発行側との丁々発止のやりとりがなされることはないようだ。また、さきに述べたように、高校国語の検定基準は、基本的には「学習指導要領」の内容に準拠しているかでしかない。つまり、指導要領の記述をどのように教科書の構成へと翻訳し、実際の教育活動に落とし込んでいくかは、基本的に各版元の裁量と創意工夫に委ねられているのだ。調査官の側も同様である。指導要領本体には、どんな教材を用い、どんな授業を行うかまでは指定されていない。だから、提出された教科書の「解釈」がどこまで妥当と言えるのか、調査官自身の理解と引き比べながら検討が行われる。収録された教材文と学習活動は、指導要領のどの部分に紐づけられているのか。そのような教科書側の理解と説明をどこまで容認するのか。言ってみれば、高校国語の教科書検定とは、「学習指導要領」というルールブックをめぐる解釈のアリーナとしてある。二〇二〇年の日本学術会議の提言が、教科書検定を「柔軟かつ弾力的に」行うべきと明記したのは、その「解釈」の幅を拡げるべき、という要請なのである。

「はじめに」でも触れたが、この本が書店の店頭に並ぶ頃には、高校の「新しい国語科」の最初の教科書が出揃っているはずである。もし機会があれば、ぜひ違いを比較してほしい。今回の教科書編集作業は、ちょうど「新しい国語科」をめぐる議論が白熱する中で行われていた。学習指導要領の文言を踏まえて、それをどんなプログラムに翻訳するのか。「新しい国語科」の枠組みをどう受けとめ、「改革」の要請に対してどんなスタンスを取ることを選んだのか。少し大げさに言えば、できあがった教科書自体が、ひとつの歴史の証言となっているはずだ。

第4章　教室の小説／小説の教室

『羅生門』『こころ』再読

1　「定番教材」の役割

太宰治の『走れメロス』、森鷗外の『高瀬舟』と『舞姫』、芥川龍之介の『羅生門』、中島敦の『山月記』、そして夏目漱石の『こころ』――。これらの小説が、中学・高校の国語科で「定番教材」と呼ばれていることは、国語科の関係者なら誰もが知っている。また、これらの小説は、日本語による近代文学の出発点の一つとして記憶されている『舞姫』を除けば、まさに「定番教材」となったことで多くの読者を獲得し、親しまれてきたテクストでもある。

こうした「定番教材」は、しばしば批判や揶揄の対象となってきた。大学の文学の授業では、「定番教材」批判自体が「定番」化して語られてきた気味合いさえある。もちろん、芥川龍之介のデビュー作である『羅生門』が彼のキャリアで最もすぐれた小説とは言えないし、『こころ』が特権化されたことで、文学者夏目漱石の多様性や複数性が見えづらくなったことも事実だろう。『山月記』が、当初は『古譚』の表題で発表された小品の一つが教材化されたテクストだったことはよく知られる。

しかし、わたし自身は、こうした「定番教材」の存在自体を、いちがいに「悪」とは思わない。また、先に挙げた小説が「定番」化したことにも、それなりの理由や根拠があるのだと思う。一部の論者は、「定番教材」を指さして、予習をしたくない教員の怠慢がこれらを延命させている、と主張する。また、かつて花田俊典は、『羅生門』のような「いわゆる〈種明かし〉小説」は、「「教壇」という一段高い場所に立って特権的に本文を解読してみせる」ことができるので、「教師にとって、じつに気持がいい」テクストなのだ、と厳しく指摘した。[*1] いずれも一理あるとは思うが、やや一面的な批判のようにも感じられる。

高橋広満は、『こころ』の「定番教材」化には、限られた時間で「文学を効率よく伝えようとする教師が、生徒の反応をも汲み取りつつ、共同で育んできた真摯な歴史の産物」という面がある、と述べている。[*2] 改めて考えてみれば、中学や高校の国語の時間は、かなり特殊な読書の現場である。一つのテクストをめぐって、それなりに能動的だったりそうでなかったりする複数の受け手＝生徒たちがおり、その二つの間で媒介者・翻訳者たる教員が行為する。教員は、一人の読者としてテクストと対峙するのみならず、そのテクストをめぐって、最終的なことばの受け手であるところの生徒たちとのコンタクトとコミュニケーションを持続しなければならない。ときに余談を差しはさみ、問いと答えとフィードバックとをくり返しながら、基本的には飽きやすいのに時折不意打ちのように鋭い応答を返すこともある生徒たちと、教室の時間を共有し続けなければならない。

しかも、しばしば言われるように、教室での授業は「生き物」としてある。かりに同じノートを使ったとしても、クラスが変われば、同じクラスでも時期や時間や集団の中の人間関係が変われば、決して同じ授業にはならない。さらに言えば、そのクラスとの関係は、基本的に一年間は続くのだ。「テストに出すぞ」という一言が一定の効力を持つことは事実としても、有無を言わさず教員の解釈を押しつけておけば済むほど、「国語の時間」は簡単なものではない。

比喩的に言えば、「国語の時間」に小説を読むことは、教室で「文学する」パフォーマンスの現場としてある。教材としてのテクストが台本となり、教員が演出を行って、生徒たちが演者になったり観客になったりしながら、その教室に根ざした「文学」が行為遂行的に織り出されていくのだ。むろん、この場合の「文学」が、ともすれば感動やら道徳やらの紋切り型に流されやすいという問題については、本章の後段で論じるつもりである。しかしそれも、オーディエンスとしての生徒たちを「文学」のパフォーマンスに持続的に巻き込まなければならない場の要請という面があることは考慮すべきだ。

そのように考えてみれば、いわゆる「定番教材」の授業が、まさに「定番」であることで、教員にとって貴重な定点観測の場となっていることが理解できる。また、なぜあるテクストは「定番」となり、別のテクストはそうならなかったかも説明可能である。例えば、阿武泉がまとめた過去の採録状況を確認すると、『羅生門』『山月記』『こころ』が「定番」化した一九七〇年代後半に、志賀直哉の『城の崎にて』や梶井基次郎の『檸檬』のようなテクストも教材化されていたことがわかる。[*3] しかし現在、これらのテクストは、高校現場において一般的な小説教材とは言えない（この点は、のちのコラムも参照されたい）。つまりこれらのテクストでは、教員と生徒がともに「文学する」物語を紡ぎだすことが難しかった、というわけだ。

だから、教室にはどんな小説でも招き入れられるわけではない。石原千秋が指摘した「暴力、セックス、新興宗教、天皇制、差別問題」など、国語教科書にかかわる「問題系」だけではない。[*4] こうしたコードに抵触するテクストであっても、教室での教員と生徒との関係性と信頼関係ができていて、その教材を取り上げる理由が説明できるなら、自主教材として取り上げることは不可能ではない（もちろん、いくつもの留保は必要だが）。

むしろそれは、小説の、あるいは文学の読書の本性的な部分とかかわることだ。イルマ・ラクーザは、文学読書の秘やかな愉しみを「愛の同盟者」と名付けた。「私があなたを読むようなしかたであなたのことを読む人は他には誰もいないと私は本に語りかける。すると本は答える。私があなたに与えているものが何かを知っているのはあなただけ」である、と。[*5] 本来的に文学の読書とは、一回的で、一般化が難しく、私秘的でさえあるものだ。

ならば、教室で小説を読む意味はないのか？　もちろん、そんなことはない。佐藤泉のことばを借りれば、「近代小説は基本的にひとりの作者によって書かれるが、そのなかには複数の声がざわめいており、その複数の声は相互に対話的な関係をつくりだしている。最終的な答えを保留したままで、ある問題を思考し続けることができるというのが、小説ということばの形式の最大の優位性なのである」[*6]。ある種の小説はつねに、多声的な対話に向けて開かれている。しかもその対話は、物語世界の中で歴史性と時間性を与えられ、作中のできごとの偶有性によって左右される人物たちに託されていて、ときにその対話が、人物たちを語る「語り」との間にも飛び火することさえある。作中人物のものの見方や考え方や感じ方は、物語世界の内と外のコンテクストによって重層的に決定されており、そうしたコードやイデオロギーに着意することで、人物どうしの関係を規定する権力の所在や、コミュニケーションのずれが生み出す葛藤の痕跡を取り出すこともできる。

つまり、「国語の時間」で問題化できるのは、小説の社会的・公共的な側面なのである。そのような面を持つ小説なら、作中で提起された対話を引き受けて継続することもできるし、角度を変えた新たな対話を始めることもできる。だから小説は、いわゆるアクティブ・ラーニングにも相応しい教材ともなるのである。

2　境界の物語としての『羅生門』

「国語の時間」では、文学や小説の一面しか取り上げることができない。さまざまな読み方や出会い方を実践できるわけではない――。まずは、その限界を自覚するところから始めるべきではないか。そのうえで、教室でひとつの小説をともに読むことが、それがいつになるかは分からないにしても、ひとがひとりで小説を読む、文学や小説に出会い直すことができる土台を作るレッスンにつながっていれば、十分ではないか。

その観点で言えば、「定番教材」は、ベストではないかもしれないが、それなりに「使える」テクストだとわたしは思う。例えば、『羅生門』の冒頭部分を見てみよう。

ある日の暮れ方のことである。一人の下人が、羅生門の下で雨やみを待っていた。

広い門の下には、この男のほかに誰もいない。ただ、所々丹塗の剥げた、大きな円柱に、蟋蟀が一匹とまっている。羅生門が、朱雀大路にある以上は、この男のほかにも、雨やみをする市女笠や揉烏帽子が、もう二、三人はありそうなものである。それが、この男のほかには誰もいない。

なぜかというと、この二三年、京都には、地震とか辻風とか火事とか饑饉とかいう災がつづいて起った。そこで洛中のさびれ方は一通りではない。旧記によると、仏像や仏具を打ち砕いて、その丹がついたり、金銀の箔がついたりした木を、路ばたにつみ重ねて、薪の料に売っていたということである。洛中がその始末であるから、羅生門の修理などは、元より誰も捨てて顧みる者がなかった。するとその荒れ果てたのをよい事にして、狐狸が棲む。盗人が棲む。とうとうしまいには、引き取り手のない死人を、この門へ持って来て、棄てていくという習慣さえ出来た。そこで、日の目が見えなくなると、誰でも気味を悪るがって、この門の近所へは足ぶみをしないことになってしまったのである。

まず冒頭で、固有名を持たないが、ある社会階層か職業かで名指された男がひとり、情景の中に点綴される。男はひとりぼっちである。このテクストでは、大事なことは複数回語られる。この「広い門の下」には、「この男のほかには誰もいない」。

次に注意したいのは、天にも見放されたかのように「門の下」で雨宿りをする彼のありようを記述する語り手の説明である。ここは羅生門である。作中では、京のメインストリートである朱雀大路の入口にある門で、つまりは京の表玄関として、京の内と外を区切る場所と設定された場所である。にもかかわらずここには、彼と一匹の「蟋蟀」しか見当たらない。なぜかと言えば、この門が「引き取り手のない死人」を捨てる場所になってしまっているからである。そして、都の表玄関を荒れるがまま放置せざるを得ないほど、政治的な権力が衰微しきっているからである。その結果、人びとは神仏に祈ることさえ忘れ、日々の暮らしに追いつめられていった。何しろ「仏像や仏具」を壊し、それがかつて「仏像や仏具」だったことがわかるような「丹」や「金銀の箔」がついた木々でも、「薪の料」に売られていた、というのだから。『羅生門』の語り手は、くり返された災害が人びとの心まで荒廃させていった様子を、一刷毛の表現で浮上させていく。

しかし大事なことは、『羅生門』の語り手が描いたのが、ホッブズ的な自然状態ではないことだ。「下人」は解雇されたのだから一方には彼を雇うことができた者はいて、「老婆」が髪の毛を抜いていた女性は偽って蛇の肉を「太刀帯の陣」に売っていたという以上、権力の装置もある種の経済システムも存在してはいるのである。[*7] むしろ『羅生門』が描いたのは、公権力が弱体化した結果、社会の秩序のあちこちにぽっかりと穴が開いている状況である。職を失った者、貧しい者、社会的な弱者から、この剝き出しの生の場所に投げ出される。この「下人」は、いままさに、そのような生の入口に立たされているわけだ。

つまり『羅生門』とは、そのような意味で境界をめぐる物語なのである。そもそもこの「広い門」が京の内と外を分ける境界だったことはすでに述べた。物語世界の中でこの場所が生と死の境界と設定されていることは自明だし、物語の時間は、昼と夜の間にはさまれた「暮れ方」から始まっていた。そのような中で「下人」は、時ならぬ雨に降り込められた結果、社会的な生と剝き出しの生のはざまで、選択と決断を逡巡するだけの時間が与えられていた、と考えた方が適切だろう。

そもそも境界とは、どちらでもあり、どちらでもないという曖昧さを抱えた場所である。ひとはいつまでも境界線の上にはいられないから、最終的には自分がどちらの側に向かうかを選択し、決断しなければならない。だから、境界の上でひとは能動的・主体的であることを強いられる。しかし、境界の上での選択は、しばしばやり直しがきかない一回的なものでもある。

よって、十分な情報も時間も与えられない中での選択の結果、事後的に責任を引き受けさせられることも考えられる。加えて境界は、日常と非日常、此岸と彼岸、この世界と異世界とが接し合う場でもある。まさに『羅生門』の二階で男は、おぞましい異世界の入口を覗いたと思って恐怖し、次いで老婆の話を聞くことで、それまで知り得なかった別の生の世界をかいま見ることになるだろう。そして境界は、接触とコミュニケーションの現場でもある。異なる言語、異なる背景、異なる認識を持つ他者どうしが、ことばで、それ以外の手段で接触する。そう考えれば、「下人」が老婆に行使した暴力も、一切のコミュニケーションを拒絶するというコミュニケーションの結果と言える。

しかも『羅生門』で興味深いのは、「下人」と呼ばれた男の存在と認識のズレが示唆されていることだ。人間の主観的な自己意識は、そのひとが置かれた社会的諸関係・諸条件の反映ではない。言い換えれば、ひとは自分が社会の中で現にどんな存在として在るかを正しく認識できるわけではない。この物語の「下人」は、剥き出しの生に追放されつつある自らが生きるためのすべとして、「盗人になる」以外のオルタナティブを考えることができない。すなわち彼は、老婆が口にしたことばを「おれが引剥ぎをしようと恨むまいな。おれもそうしなければ、餓え死をする体なのだ」と引き取ることしかできない。他者のことばを自らの既存の解釈の枠組みに当てはめることしかできないのである。この男の限界は、あるいはいかんともしがたい短慮ぶりは、彼の最初の「盗み」が、体力の上でも武器を持っているという点でも圧倒的に優位なはずのこの老婆から、大したカネになるはずもない着物のみを奪って逃げた行為だったことに象徴されている。要するに彼は、老婆のような存在から、「力」に頼るのではない生き方を学ぶことができなかったのである。

境界、選択、コミュニケーション。小谷瑛輔は、『羅生門』は「善悪と生死という二つの基準のジレンマに陥っている人物がそれを何らかの形で解決すること」を期待させる構造になっていると指摘したが、[*8]ここに付け加えるべきは、一般に人間は限定的に合理的な存在でしかない、ということだろう。ひとは限られた手持ちの情報からしか事態を認識することができないし、選択と決断はしばしば焦慮の中で急かされながら、さもなければ偏狭な思い込みに囚われた中で、瞬間的に行われる。だから、ひとは間違える。事後的に見れば明らかなはずの選択肢に気づくことさえできない。その結果、取り返しのつかない後悔の中で生きることを余儀なくされてしまう場合さえある。

境界の上でひとは迷い佇み、他者と出会ったりすれ違ったりしながら、限られた時間の中で判断し、選択を重ねていく。これは、小説に限らない物語一般の基本的な仕組みと言える。虚構の世界をひとつずつ理詰めで組み上げていった若き芥川龍之介の小説は、こうした物語の構造に対する感度を高めるうえで、格好の素材として活用することができる。

3 『こころ』を読む困難

境界・選択・コミュニケーションというモチーフは、『羅生門』と並ぶ「定番教材」である『こころ』を分析する上でも重要な切り口となる。

高等学校用国語科教科書に掲載されている『こころ』の本文が、教科書ごとにかなり違ったものとなっていることはよく知られている。高山実佐の詳しい調査によれば、教材としての初出である一九五六年の清水書院版以降、それなりに曲折のあった採録部分は、現在、下（「先生の遺書」）第四十章の図書館の場面（例の決めゼリフ「精神的に向上心のないものは、ばかだ」に連なるところだ）から、下四十八章の「K」の自殺の場面を中心とするかたちに落ち着いている。[*9] しかし、教材本文をどこから始めどこで終えるかは、版元の方針や教科書ごとのねらいによって、なお相当の違いがある。

二〇二二年度まで使われる「現代文B」の教科書をひもといてみよう。ある教科書は、下三十三章、「私」（＝「先生」）が砲兵工廠の裏手で「K」と「お嬢さん」に鉢合わせるところで幕を開き、別の教科書は下三十五章、年明けのカルタ取りで「お嬢さん」があからさまに「Kに加勢」するシーンを冒頭に据えている。下三十六章、「K」の「お嬢さんに対するせつない恋」の告白からドラマティックにスタートする教科書があるかと思えば、そのシーンを飛ばして、先述の下四十章から入る教科書もある。教材としての終わり方にもバリエーションがある。下四十八章、「私」が「K」の部屋の「襖にほとばしる血潮」を目にするところまでを採る教科書が多いなかで、ある教科書は、下四十九章の途中、死体を前に逡巡する「私」の姿を読者に印象づけ、別の教科書は、同じく下四十九章の末尾、「K」の自殺を「奥さん」に報告するシーンまでを収録している。

すなわち、教科書教材としての『こころ』は、明らかに異なる複数のテクストとして現前している。伊藤氏貴は「活字離れ文学離れが言われる中で、文系の人間なら誰でも読んだことのある数少ない作品として『こころ』は共通財産となっている」と述べたが、本当にそう言えるのか。[*10]本文がこれほど違っているのに、なぜわれわれは、教室で同じ『こころ』を読んだ／読んできたと思えるのか。しかも、ほとんどの生徒は、何かのきっかけや促しなしには、小説の全文に触れることがないだろう教材でもある。だとすれば、例えば教材としての本文が、「K」の遺書を読んで「助かった」と思い、そっと遺書を元に戻す「私」を描いた場面で終わるのか、「K」の死体の傍らで一夜を過ごし、「永久に暗い夜が続くのではなかろうか」と戦く「私」の姿を刻みつけて終わるのか、あるいはまるで一瞬ですべてを理解したかのように「不慮の出来事なら仕方がないじゃありませんか」と「私」を慰撫する「奥さん」のことばで幕が引かれるかで、立ち上がってくる物語の印象は明らかに異なろう。教材の前後に付加される「あらすじ」の語り方が与える効果も無視できない。

とはいえ、わたしは『こころ』は教科書教材として不適切だとか、採録する本文を標準化すべきなどと言いたいのではない。むしろ問題は、研究者や批評家たちの無頓着さである。藤井淑禎が「異本」という語で表現していたように、教材としての『こころ』の本文の問題は早くから認識されていた。[*11] 教科書本体や教師用指導書の作成に携わった中には、研究者も批評家もその予備軍も多くいたはずである。にもかかわらず、教室で読む『こころ』の本文の多様性や、そこから始まる教室での解釈の差異が問題化されることはほとんどなかった。教科書本文は、それほどまでにテクストとして軽視されてきたのである。

如上の問題を踏まえ、ここでは、教科書教材としての『こころ』を一つの独立したテクストとして捉え、改めて検討する。あくまで教室で生徒たちに示される本文から出発し、どんな問題が議論できるかを考えたいからである。以下、教材本文を示す場合は『こころ』、現上・中・下の三部から成る小説全体に触れる際には『心』と表記する。また、教材本文は、現在わたしが編集に参加している筑摩書房版の『現代文B 改訂版』（二〇一七年検定済教科書）所収のものを用いる。教科書採録部分以外の『心』本文は岩波書店版全集（一九九三年）を参照するが、漱石の原稿を底本とした同全集の本文は、文庫本等で一般に流布している単行本版での三部構成（「上 先生と私」「中 両親と私」「下 先生と遺書」）を踏襲していない。よって、引用の際には、単行本版の章番号を基準とし、全集版のそれを併記する。また、表現は現行のものに改めている。

では、そもそもわれわれは、教室でいったい何を読んできたのか。そのことを考える前提として、小説『心』の構造的な問題を確認しておきたい。

すでに何人かの論者が指摘しているように、『心』の語りには、論理的には矛盾と思える記述や不自然な空白が多く存在している。たとえば一九九二年の小森陽一は、このテクストの表層の語りは徹底して「独我論」的だが、「その表層に微細な差異を走らせるいくつかの言葉たち」が、「過剰さとしての〈他者〉性を喚起しつづける」と書いた。[*12] 作中で「先生」が語り／書くことばのあちこちに文脈と論理の飛躍が看取できることに注目した中山昭彦は、このテクストには「代表化」に向かう言説とその言説の異様さを露呈させるような語りとが併存しており、それが「多彩な〝闘争〟を繰り広げ」ている、と論じている。[*13] とりわけ重要なのは、大野亮司の所説だろう。『心』の物語内容を「〝死ぬ〟ことを題材とする文字表象＝〝書かれたもの〟を〝読む〟ことで、〝読んだ〟者がそこに〝書かれている〟〝死〟の主体を内面化して〝ある特定の主体〟となる」という運動の連鎖と概括した大野は、このテクスト全体の構造にかかる二つのポイントを指摘している。[*14] わたしなりに約めて言えば、小説『心』を織りなす二つの書きもの（青年による〈手記〉と「先生」による〈手紙＝遺書〉）は、そこに書かれてあることばを受容するか否かという選択＝判断を読む者に不断に強いる仕掛けになっているということが一つ。そしてもう一つは、時間軸から考えれば『心』の最後の語り手となる青年が、そもそもいつこの〈手記〉を書いたかが決定できない、ということだ。

少し考えてみればよい。『心』の〈手記〉も〈手紙＝遺書〉も、一人称の「私」による過去の語りである。そうである以上、語られたことばには語り手「私」によるバイアスがかかり、それぞれの「私」の語りには「内容上の論理的飛躍や矛盾」（大野）がいくつもある。そのうえ、青年の語りの「いま・ここ」が不分明なので、彼が「先生」の〈手紙＝遺書〉を含む一連のテクストとどんな距離を取ろうとしているかが決定できない。「先生」は、〈手紙＝遺書〉の末尾で「私が死んだ後でも、妻が生きている以上は、あなた限りに打ち明けられた私の秘密として、凡てを腹の中に仕舞って置いて下さい」（下五十六章）と青年に申しわたしている。よって、青年が〈手記〉を書く現在が「先生」の死からどれぐらい時間が経過しているかによって「上」「中」のことばの意味合いは大きく変わってくるはずだが（つまり、「先生」の死からすぐにこの手記が書かれたとしたら、青年は「先生」の禁止を裏切ったことになるが、一〇年後、二〇年後と時間が経過すれば、そうした印象は薄らいでいくことになる）、その文脈が確定できないのである。しかも、先の遺書の記述は、青年が生前の「K」をよく知る唯一の人物であるところの「奥さん」＝静と、〈手紙＝遺書〉の記述の妥当性をめぐって対話することをあらかじめ禁止するものでもある。少なくとも〈手記〉を書く時点まではその遺言が守られたことは明らかなので、〈手紙＝遺書〉に書かれた「先生」のことばは、いくつもの矛盾と空白を抱懐したまま、いわば宙吊りにされてしまっている。

教材『こころ』本文にも、意味の確定が困難な記述が含まれている。九十章＝下三十六章、

「K」の告白を描く場面である。

私はとうとうなぜ今日に限ってそんなことばかり言うのかと彼に尋ねました。その時彼は突然黙りました。しかし私は彼の結んだ口元の肉が震えるように動いているのを注視しました。彼は元来無口な男でした。平生から何か言おうとすると、言う前によく口のあたりをもぐもぐさせる癖がありました。彼の唇がわざと彼の意志に反抗するようにたやすく開かないところに、彼の言葉の重みも籠もっていたのでしょう。いったん声が口を破って出るとなると、その声には普通の人よりも倍の強い力がありました。

彼の口元をちょっと眺めた時、私はまた何か出てくるなとすぐ感づいたのですが、それがはたしてなんの準備なのか、私の予覚はまるでなかったのです。（九十＝下三十六）

いつもと異なる「調子」から、ただならぬ事態の出来を予感して身構える「私」は、「K」の「結んだ口元の肉」を「注視」する。それが大事な発言をする際の彼の癖だと知っていたからである。しかし、その直後の一節では、同じ瞬間がどうしてか「彼の口元をちょっと眺めた時、私はまた何か出てくるなとすぐ感づいた」と表現されている。順序が逆ならまだ話は分かる。「K」の「口元」を「ちょっと眺め」て彼の癖を思い出し、しげしげと「注視」するという行為の流れを想定できるからである。しかし、〈注意深く見つめる〉＝「注視」と、〈ちらと一瞥する〉＝「ちょっと眺める」こととを同時にできる人間をわたしは知らない。端的に言って、この記述は矛盾している。

問題は、この二つの言表のどちらを重く取るかで、解釈の方向性が変わってしまうということだ。前者を重視すれば「私」は「K」の告白を待ちかまえていたという文脈が作られるし、後者に即せば、「私」がいかに無防備に「K」に出し抜かれたかが強調されよう。さらに言えば、その選択＝判断を行った瞬間に、読者はどちらかの言表を〈読まない〉ことになる。この二つの言表は、まさに排中律的に、両立し得ない異なる二つの物語を駆動させてしまう。小説としての『心』とは、かくも厄介なテクストなのだ。

このような調子で、かりに教材『こころ』の語りの戦略を徹底して分析的に読む授業を試みたとして、どんな教室の風景が立ち現れるだろうか。既述のように、〈手紙＝遺書〉のことばは疑う気になればいくらも疑えるものだし、矛盾としか思えないくだりもある。女性に対する偏見・学歴エリートとしての思い上がりなど、「私」(＝「先生」)のイデオロギー的なバイアスも明白だ。こうした点にいちいち躓くことは読者として当然の振る舞いとわたしは思うが、教室の場で「私」の語りの戦略と自己合理化の契機にかんする指摘を重ねていくと、教室の空気は、どんどん殺伐たるものへと転化するだろう。理由は簡単である。真面目に授業に参加しようとすればするほど、「私」(＝「先生」)のことばを鵜呑みにせず、「ちょうど他流試合でもする人」のように全身で警戒するよう暗に求められるからである。漱石的な語彙を使えば、語り手

「私」に対し探偵的に振る舞うことが要請されるからである。

もちろん、そうした試みに意味がないとは言わない。一人称の語り手を実体化し、その戦略性を問い直す発想は多くの議論を賦活したし、高校生段階ぐらいで人間いちどは世の中のあらゆる物事に疑念を持った方がよいという立場も見識ではあると思う。しかし、いくらなんでも数時間、長い場合は十数時間をかけて、教室でシニシズムの集団的修練をさせることもないだろう。それ以前に、どうしてわざわざ信用できない語り手の語りに付き合わされるのか、と教室で反問されるのが落ちである。

日本語の近代文学研究・批評は、小説『心』を新たな理論やアプローチを試す実験台として扱ってきたふしがある。しかし、わたしは疑っているのだが、教科書教材としての『こころ』は、そうした研究・批評の議論の影響を受けながらも、決して分析的には読まれてこなかったのではないか。もちろん、授業時間数の制約という構造的な問題は決定的だ。現在の採録範囲でも、高校の教室で読んでいくには長すぎるとも言える。しかし一方で、〈恋愛と友情〉〈人間への信頼〉〈過去への悔恨〉といった大きな物語を語っていれば、このテクストの構造や細部にかかる面倒な問題を考えずに済むことは確かである。そうした物語は（べつに高校生段階に限らず）人間ならば誰しも少しは身に覚えがある、つまりは世代を越えた共有可能性を前提にできる話柄だろう。とすれば、採録範囲の差異があまり問題にならないのも当然である。教材『こころ』は、教員たちによって、教室向けの物語へと翻案されて語られてきた。いささか挑発的な言い方をすれば、『こころ』とは、詳しくは読まないという読み方において受容されてきた教材なのである。

4　聞かない聞き手の語り

教室での『こころ』は、読まないことにおいて読まれてきたと書いた。わたしにとって興味深いのは、こうしたあり方が、教材本文での「私」（＝「先生」）の姿勢・態度と通じているということだ。下三十六章＝九十章、さきの引用に続く場面を見ればよい。

しかしその先をどうしようという分別はまるで起こりません。恐らく起こるだけの余裕がなかったのでしょう。私は腋の下から出る気味の悪い汗がシャツにしみとおるのをじっと我慢して動かずにいました。Kはいつものとおり重い口を切っては、ぽつりぽつりと自分の心を打ち明けてゆきます。私は苦しくってたまりませんでした。恐らくその苦しさは、大きな広告のように、私の顔の上にはっきりした字で貼り付けられてあったろうと私は思うのです。いくらKでもそこに気のつかないはずはないのですが、彼はまた彼で、自分のことに一切を集中しているから、私の表情などに注意する暇がなかったのでしょう。彼の自白は最初から最後まで同じ調子で貫いていました。重くてのろい代わりに、とても容易なことでは動かせないという感じを私に与えたのです。私の心は半分その自白を聞いていながら、半分どうしようどうしようという念に絶えずかき乱されていましたから、細かい点になるとほとんど耳へ入らないと同様でしたが、それでも彼の口に出す言葉の調子だけは強く胸に響きました。（下三十六＝九十）

松沢和宏は、「先生の語り」は「Kの告白の言葉を、話法の直接間接を問わず、引用報告することを徹頭徹尾拒んで」いると指摘した上で、そのときの「先生はKを「冷たい眼で研究」（上七）する余裕などを全く持ち合わせていなかった」と意味づけている。[*15] だが、改めて引用文を見直せば、「余裕」がないどころの話ではない。このときだけはまるで「K」の癖が転移したとでも言うように「口をもぐもぐさせる働きさえ」なくしてしまったという「私」は、ようやく「人間らしい気分を取り戻し」たあとも、「K」が語りつつあることばをまるで聞いていなかった。読まれるように、「腋の下から出る気味の悪い汗がシャツにしみとおる」さま、自分の苦しさが「大きな広告のように、私の顔の上にはっきりした字で貼り付けられてあったろう」という自覚など、聞く身体のありようは逐一実況されている。この条は「私」の人間観を考える手掛かりとして改めて詳述するが、まずは「重い口を切っては、ぽつりぽつりと自分の心を打ち明けて」いったという「K」のことばを、「私」がほとんど記憶していないことを確認したい。何しろ「私」が明確に覚えているのは、「K」が恋の告白をしたことと「彼の口に出す言葉の調子」だけなのだ。それなりの決意と時間をかけて、絞り出すように語られた「K」の「心」のことばを、「私」の「心」はろくに聞いていなかったのである。

同様の場面は他にもある。「K」に先んじたつもりで「奥さん」に結婚の申し込みをした後、それがいつ「お嬢さん」に伝わるのかと焦慮に駆られて二度目の直談判を開いた「私」は、いざそれが実行される段になると「なんだか落ち着いていられないような気」になって、ずんずんと外に出てしまう（下四十五＝九十九）。「私」は、肝腎なことを見ても聞いてもいないのである。その一方で〈手紙＝遺書〉の「私」は、「K」とのやりとりを競争の語彙へと変換しつつ想起する。「K」がどんな理屈で、どんな言いまわしで彼の「心」を語ったかは「私」の関心事ではない。なぜなら、「K」に不意を打たれたことを悔やむ「私」は、「なぜさっきKの言葉を遮って、こっちから逆襲しなかったのか」（下三十七＝九十一）とさえ語っていたからである。

下四十章＝九十四章から始まる「K」の第二の告白は、今度こそは絶対に負けられないと意識した「私」が再戦に臨んだ場面である。

彼は私に向かって、ただ漠然と、どう思うと言うのです。どう思うというのは、そうした恋愛の淵に陥った彼を、どんな目で私が眺めるかという質問なのです。一言で言うと、彼は現在の自分について、私の批判を求めたいようなのです。〔略〕私がKに向かって、この際なんで私の批評が必要なのかと尋ねた時、彼はいつもに似ない悄然とした口調で、自分の弱い人間であるのが実際恥ずかしいと言いました。そうして迷っているから自分で自分が分からなくなってしまったので、私に公平な批評を求めるより他にしかたがないと言いました。私はすかさず迷うという意味を聞きただしました。彼は進んでいいか退いていいか、それに迷うのだと説明しました。私はすぐ一歩先へ出ました。そうして退こうと思えば退けるのかと彼に聞きました。すると彼の言葉がそこで不意に行き詰まりました。彼はただ苦しいと言っただけでした。実際彼の表情には苦しそうなところがありありと見えていました。（下四十＝九十四）

対手の一挙手一投足におさおさ注意を怠らず、駆け引きのタイミングをじっと窺う「私」の抜け目なさが印象的な場面だが、この部分に刻まれた「私」と「K」との会話の痕跡に注目したい。「K」が発話したとされることばを並べてみよう。「どう思う」「自分の弱い人間であるのがじっさい恥ずかしい」「迷っているから自分で自分が分からなくなってしまった」ので「公平な批評を求めるよりしかたがない」「進んでいいか退いていいか、それに迷うのだ」「苦しい」――。では、「私」はどう応答していたか。この時点での「私」は、明らかに「K」の問いかけに正面から答えていない。はぐらかし、それはどういう意味かと反問し、いちいち言葉尻を捕らえて混ぜかえす。もちろん、すべては自らの手中にある武器たる一言を有効に機能させるための戦術的配慮であることは間違いない。しかし、もし〈聞く〉という行為が、単に相手から発せられた音声を耳に入れるというだけでないならば、すなわち、具体的な関係の中で発せられた語を脳裏にとどめ、たとえ不十分でも文脈を踏まえて内在的に理解を試みようとすることであるならば、ここでも「私」は、「K」のことばを本当には聞いていない。そもそも駆け引きとは、自分以外の他者をいかに自分の思うとおりに動かすか、そのことで自分が他者に対していかに優位に立つかを目途して行われる。とすれば、このとき「私」は、「K」の再度の告白と向き合うつもりはさらさらなかったと考えた方がよい。

　だからであろう、おそらく「私」はなぜ「K」が再び意を決して声を掛けてきたかがわかっていない。図書館で「K」の様子を、「上半身を机の上に折り曲げ」、まるで彼が自分にのしかかって来たかのように表現した「私」は、いかにも唐突な「K」の振る舞いにとまどい、警戒心をあらわにしていた（「なんだかKの胸に一物があって、談判でもしに来られたように思われてしかたがないのです」下四十＝九十四）。しかし、「K」は、大学で「私」と同じ授業を受けていたのだろうか。もし違っていたとすれば、このときどうして「K」は図書館にいたのだろうか。たぶん彼は、「私」を探していたのだった。文脈をたどり直せば「K」は、「私」にずっと言われ続けていたのである。最初の告白をめぐって「もっと詳しい話をしたい」（下三十八＝九十二）と呼びかけられ、いったいその「恋をどう取り扱うつもりか」（下三十九＝九十三）と問いつめられ、「隠し立てをしてくれるな、すべて思ったとおりを話してくれ」（同）と急き立てられていたのだった。「K」が意図して「隠し立て」していないことは明白だろう。「自分の矛盾などをひどく非難される場合には、けっして平気でいられないたち」（下四十二＝九十六）だったという「私」の観察が正しいならば、たぶん彼は、「私」が突きつけた問いと向き合う「覚悟」をようやく決められたのである。だからこのとき「K」は、いつになく率直に「思ったとおり」のことを口にした。自分には何も隠し立てをするな、という「私」のことばを受け止めて、思い迷いを「正直」に吐露してみせたのだ。「私」とは対照的に、少なくともこのときの「K」は「私」の問いかけを聞いていた。その結果が、二度目の告白の場面だったのである。

すなわち、教材としての『こころ』は、人間にとって対話とは何かを問うてくるテクストである。ひとは当たり前のように何かを語り、誰かに読まれるものと思って紙やインターネットの上に長々と文を連ねる。だが、電気的な信号や神経生理学的な刺激をやりとりしているのでないならば、いったいひとは声や記号で何を交換し合っているのか。われわれはいったい他者のことばの何を聞き、何を読んでいるのか。

樫村愛子は、精神分析の理論に依拠しながら、人間のコミュニケーションの基底的・存在論的な条件について、次のように言っている。「無目的で、「あたかも欲動にのみ奉仕する」かのような冗長な会話こそが、単に快感を与えるだけでなく、他者に開かれ、「他者と共にある」感触を与え、自己を贈与される原初的な存在感を可能にする」「会話や言語の冗長性は、単にメッセージの付帯物、あるいは補助的なメッセージではなく、主体を言語とコミュニケーションに動員する本質的な要素である」[*16]。この立場から考えれば、どうして「K」が「私」の下宿に引き移って以降〈人間らしさ〉を獲得していったかを理解できる。それ以前の「K」は、「道」のためにはすべてを犠牲にすべきと考え、「精進」することを第一義と考えていた。すなわち、彼自身にとっての〈意味〉や〈真理〉に奉仕する言語世界の中でしか生きてこなかった。しかし、「奥さん」「お嬢さん」とのかかわりから、おそらく彼は自覚せぬままに、「冗長な会話」の流れに身を委ねる感覚、その中で自己自身の存在が肯定されていく感覚を掴みかけていたのではあるまいか。同志的でも競争的でもあった「私」との二者関係ではついぞ得られなかった「「他者と共にある」感触」へと、開かれかけていたのではないか。

『こころ』の「私」と「K」は、確かに面と向かって話はしていたが、対話していたとはとても言えない。とはいえわたしは、二人はもっとお互いに向き合うべきだった、と説教じみた教訓を語りたいのではない。さきの議論に従えば、人間は意味あるやりとりをするためにことばを交わし合うわけではないからだ。そもそもひとはことばで意思を完全に伝えることはできない。たとえ同意や共感を示すことばが往復していても分かり合えているわけではない。しかし、一方でひとは、他ならぬその場と他ならぬそのことばとを分かち合うことができる。再び樫村を引けば、「本人がそうとは知らなかった意味連関、しかし刺激されれば容易に、あるいは時には苦痛と共に受容される」「隠喩」の意味作用こそが、主体をさらなるコミュニケーションへと差し向ける。[*17] 他者から到来することばが、意味を探りあてられるべき謎めいた「隠喩」として出会われ受け取られたとき、その発見とともに、主体において新たな思考が駆動する。

だからひととは、つねに遅れて他者のことばと出会うのだ。対話とは、同じコードとコンテクストを共有する者どうしのメッセージのやりとりを意味しない。それぞれがそれぞれのことばから、それぞれの思考を始め合うこと。テクストで「K」と「私」が交わす語が、まどろこしいほど隠喩的な言いまわしで一貫していたことに注意しよう。『こころ』の「私」が罪深いのは、単に「K」の話を聞かなかったからではない。「K」の渾身のことばをほぼまったく記憶せず、覚えていたことばにも立ち止まろうとしなかったことが問題なのだ。

にもかかわらず「私」は、自らのことばだけは相手に轟かせようとする。ことばで他者を縛り、傷つけ、操作しようと試みる。たった一人の知己として「公平な批評」を求めたいという「K」の心願を逆手にとって、まるで「K」自身の超自我でもあるかのような「厳粛な改まった態度」で、「精神的に向上心のないものは、ばかだ」という取っておきのことばを二度にわたって口にするだろう。そして「K」がそのことばをどう聞いたかを想像する手間も惜しんで、彼が口にした「覚悟」の一言に過剰に反応することになるだろう。しかし、他者をことばだけで縛り続けることはできない。だから「私」は不安になるのである。「K」が、「私」の敷いたレールの外に出てしまうのではないか、と。その意味で、『こころ』が描いたのはコミュニケーションをめぐる誤解と挫折の物語だったとは言える。

5　研究と教室のあいだ

だが、それ以上にわたしが注目したいのは、教材としての『こころ』が、「私」と「K」それぞれの変容の契機を含み込んでしまっていたことだ。「K」については「お嬢さんに対するせつない恋」によって明白だが、あくまでそれは結果であり、現象として顕在化した様態と見るべきだ。さきの議論を踏まえて言えば、本質的なことは、「私」に負けず劣らず「独我論」的で、むしろ独善的とさえ言える「徹底したナルシシスト」（石原千秋[*18]）だった彼が、ことばで他者とかかわる経験に開かれかけていたことである。むろん、限られた情報から「K」の自死の原因を臆断するのは避けるべきだが、少なくともその行為が、「私」のもたらしたことばに耳を傾け、受け止めた結果であることは疑えない。重要なのは、それまでとは異なる主体性を生き始めていたはずの彼自身が、その変容の意味と価値を自覚できなかった点にある。

では、「私」の方はどうか。『『こころ』で読みなおす漱石文学』の石原千秋は、下三十九章＝九十三章の次の表現に注目し、「先生が、「人の「言語動作」（外側の自分）と「心」（内側の自分）とは一致しているべきだと考えていることは明らか」だ、と述べている。[*19]

> 奥さんとお嬢さんの言語動作を観察して、二人の心がはたしてそこに現れているとおりなのだろうかと疑ってもみました。そうして人間の胸の中に装置された複雑な器械が、時計の

針のように、明瞭に偽りなく、盤上の数字を指し得るものだろうかと考えました。

「私」の人間観にかかる重要な指摘と思うが、「外側の自分」と「内側の自分」とが「一致しているべきだ」という当為性の意識までを読みとれるかどうか。ただし、『こころ』の「私」が、「内側の自分」＝「心」の動きは何らかのかたちで言動や挙措動作として外在化して表現されるという強い確信を持っていたことは確実である。「私」は、「K」の恋の告白を聞く自らの恐慌ぶりが「大きな広告のように、私の顔の上にはっきりした字で貼り付けられてあったろう」と信じて疑わないし、告白を聞いて混乱した「私」は、ほんとうに無目的かつ無方向的に戸外をさまよってしまっていた。だが、少し考えれば分かるように、「K」の告白こそ、そうした人間理解が決定的に裏切られる経験だったはずである。なぜか。「私」は、「K」がそうした思いを「心」に秘めていたことに、何一つ気づけていなかったからである。「どうしてあんなことを突然私に打ち明けたのか。またどうして打ち明けなければいられないほどに、彼の恋が募ってきたのか、そうして平生の彼はどこに吹き飛ばされてしまったのか」（下三十七＝九十二）。「私には彼が一種の魔物のように思えた」という記述は、「私」の認識と思考の枠組みが揺さぶられた証左に他ならない。

しかし、にもかかわらず「私」は、基本的な立場を動かしていない。二度目の告白のシーンで「私」は、「K」の様子をしげしげと観察することで、「K」の「心」を読めた、と思ってしまっていた。

私はちょうど他流試合でもする人のようにKを注意して見ていたのです。私は、私の目、私の心、私の体、すべて私という名のつくものを五分の隙間もないように用意して、Kに向かったのです。罪のないKは穴だらけというよりむしろ明け放しと評するのが適当なくらいに無用心でした。私は彼自身の手から、彼の保管している要塞の地図を受け取って、彼の目の前でゆっくりそれを眺めることができたも同じでした。（下四十一＝九十五）

あたかも「私」は、「K」の「心」の奥底までを見通せたかのように語っている。彼の「心」を捕捉し、支配したかのように語っている。もちろんそれは誤解である。だが、自分のことばが「Kの上にどう影響するか」を確かめたくて「彼の目づかいを参考にしたかった」という「私」は、まるでウソ発見器の原理を地で行くかのように、ひとの「心」はそのひとの声や身体から読み出せるという人間理解を手放していない。「表情から内面に隠された心を読むといった発想は、『こゝろ』の書簡を含む一人称の文体、作品構成、ストーリーの各レベルを支配している」という佐藤泉の指摘に従えば[*20]、結句「私」（＝「先生」）は、〈手紙＝遺書〉の筆を擱く瞬間まで、「心」を読む不可能性に思い到らなかった。

『こころ』において「K」は変わりかけていたが変わることができず、そもそも「私」は変わろうとさえしなかった。「K」は過去の自分との連続性に拘泥し、「私」は変化の契機があったことにさえ気づけなかった。しかし、この程度のことを〈成長〉や〈成熟〉と表現するのはやめておこう。ひとのことばによく耳を傾けようとか、自分勝手な基準でひとを判断すべきでないなどということは、訓戒にしてもあまりに子どもじみたものでしかないからだ。しかし、『こころ』の二人が、それまでとは違う自己に出会えなかったことは確かであろう。ひとまず以上のような分析から出発して、いったい何を、どのように語るのか。ここから先は、それぞれの教室で思考されるべきことがらだ。

『国語の授業の作り方』の古田尚行は、「大学等の研究の場と学校現場との乖離の問題」を指摘し、教育の現場の指導者たちと文学・言語研究者たちが「お互いを批判しあう、あるいは接点を見出そうとしない絶望的な状況」を変えるべき、と主張している。[*21] まったく同感という他にない。研究者と中学・高校の教員たちが、自分の居場所を作るために互いのイメージを批判し合う状況は、明らかに不健康だとわたしも思う。

まず大事なことは、研究者や批評家と現場の授業者とが、自分たちが何をやってきたか、自分たちには何ができるのかを改めて言語化することではないか。例えば、小説テクストを徹底的に分析し、その結果を一定の方向性で綜合していくというプロセス自体は、研究論文も授業の組み立ても同様である。しかし、その組み立ての方向や方法は同じではない。一方では研究者の学術的なコミュニティや、ジャーナリスティックな問題意識のほうが前景化し、他方では顔の見える生徒たちとの関係が優先的に意識される。国語の時間で教員たちは、小説のことばに対して問いを立て、物語世界から「問題」を取り出して、オーディエンスとしての生徒たちに「問い」を投げかけるところから、教室で「文学する」時間を立ち上げていく。しかし、その「文学」の物語をお座なりの紋切り型で終わらせたくないなら、そのテクストから立てる問いをより精緻化し、具体的なものとし、生徒の状況に即したものとする必要がある。つまり、教材に対する研究を深化させる必要がある。本来ならば、そのときに参照可能な分析や知見を含む成果として、研究や批評の蓄積が存在しているはずである。

ある意味でそれは、研究や批評の水準が試されることでもある。かつてポール・ド゠マンは、「テクストをテクストとして精読することから始め、人間の経験や歴史といった概括的な文脈に突然乗り換えないこと」「調子、句、比喩表現の目立ったひねりが、それに気づくほど注意深く、自分の無理解を、文学教育において人文学的知識として通用している紋切型の観念の背後に隠そうとしないだけの正直さをもつ読者につきつけてくる当惑感から議論を開始すること」の重要性を指摘した。[*22] 研究者たちの解釈共同体、ジャーナリスティックな論壇や文壇の流行語に頼らずに、自分たちの議論の社会化・公共化が可能なのか。自分たちの学知の水準が、専門知として参照可能なレベルにまで到達していると言えるのか。中学や高校の教室と接点を持つことで、研究や批評の議論にも、仲間内だけに閉じない緊張感がもたらされることになる。

第5章　「評論文」をどう読むか

『「である」ことと「する」こと』再読

1　批評としての編集

わたしのお気に入りの高校教材のひとつに、藤田省三『隠れん坊の精神史』という文章がある。初出は『子どもの館』(福音館書店)一九八一年九月号。「或る喪失の経験――隠れん坊の精神史――」という表題で、『精神史的考察』(平凡社ライブラリー、二〇〇三年)に収録された文章の一部を切り出したものである。まずは、教科書教材としての冒頭を見てほしい。

隠れん坊の鬼が当たって、何十か数える間の目隠しを終えた後、さて仲間どもを探そうと瞼をあけて振り返った時、僅か数十秒前とは打って変わって目の前に突然に開けている漠たる空白の経験を恐らく誰もが忘れてはいまい。仲間たち全員が隠れてしまうことは遊戯の約束として百も承知のことであるのに、それでもなお、人っ子一人いない空白の広がりの中に突然一人ぼっちの自分が放り出されたように一瞬は感ずる。大人たちがその辺を歩いていても、それは世界外の存在であって路傍の石ころや木片と同じく社会の人ではない。目に入るのはただ社会が無くなったすっからかんの広がりだけである。そして、目をつむっていたいくらかの間の目暗がりから明るい世界への急転が一層その突然の空白感を強めていることであろう。

かくて隠れん坊とは、急激な孤独の訪れ・一種の砂漠経験・社会の突然変異と凝縮された急転的時間の衝撃、といった一連の深刻な経験を、はしゃぎ回っている陽気な活動の底でぼんやりとしかし確実に感じ取るようにできている遊戯なのである。すなわち隠れん坊は、こうした一連の深刻な経験を抽象画のように単純化し、細部のごたごたした諸事情や諸感情をすっきりと切り落として、原始的な模型玩具のごとき形にまで集約してそれ自身の中に埋め込んでいる遊戯なのであった。そうしてこの遊戯を繰り返すことを通して、遊戯者としての子供はそれと気付かない形でしだいに心の底に一連の基本的経験に対する胎盤を形成していったことであろう。それは経験そのものでは決してないが、経験の小さな模型なのであり、その玩具的模型をもてあそぶことを通して原物としての経験の持つある形質を身に受け入れたに違いない（傍線は引用者による。以下同じ）。

高校で扱う文章としては相当に難しい部類に属することは間違いない。藤田のような硬質の文体は、いまの高校生たちには取りつきにくいものだろうとも思う。だからであろう、この文章は、筑摩書房版の高校教科書でしか採録されてこなかった。

しかし、ここで展開されている議論の中身は、とても興味深いものだ。日本社会で幼少期を過ごしたことがある者なら一度はやったことがあるはずの「隠れん坊」という遊戯の身体化された記憶を喚起しながら、ウラジミール・プロップの民話研究を思わせる手付きで、遊戯の文法を分節化して、一連の物語的な経験として記述していく。続いて、そうして取り出された経験のひとつひとつを「迷子の経験」「自分独りだけが隔離された孤独の経験」「社会から追放された流刑の経験」「たった一人でさまよわねばならない彷徨の経験」「目当ても方角も分からぬままに何かのために行かねばならない旅の経験」として敷衍し、この他愛のない遊戯が、ひとが生きていく上で出会うかもしれない苛酷な経験を受けとめる「原基」を子どもの身体に埋め込んでいるのではないか、とまとめていく。わたしなりに補って言えば、カントの「物自体」がそうであるように、ひとは現実自体を直接経験することはできない。だからひとは、「おとぎ話」や、その演劇的翻案としての「遊戯」を通じて出来事を認識する枠組みをあらかじめ作り置き、同時に、出来事の直接の衝撃を受けとめ、自分なりに分節化し直すための「経験の胎盤」を作っている。その意味で「おとぎ話」「昔話」とは、人間が社会において経験するであろういくつかのことがらを蒸溜して取り出したエッセンスのようなものだ——。おおよその内容は、このように概括することができる。

だが、藤田のもとの文章を読み直すと、その印象はだいぶ異なって見えてくる。「或る喪失の経験」は、平凡社ライブラリー版で約三五ページ、「はじめに」を含めると全五節の比較的長いエッセイである。「はじめに」で、「路地で子供の隠れん坊遊びを見掛けなくなってから既に久しい」と書き起こす藤田は、「公共空間」としての路地の喪失を、「成長経済」を突きつめた結果社会が失ったものの隠喩として捉え、「社会の解体状態」という危機を、「国家のため」という価値観によって代補しようとする風潮に警鐘を鳴らしてみせる。そのうえで藤田は、みずからが考える社会的な危機の内実を次のように定式化する。本来「おとぎ話」とは、「保護された幼少期の状態から、一人前の権利と義務を担った社会成員への移行」を画期する通過儀礼＝「成年式」の社会的意義を凝縮したものだった。しかし、「人間の理性がことごとく製品と装置と官僚機構と事務所に吸収され」た現在、そのような相互主体性の世界は失われてしまった。それどころか、二〇世紀の「理性なき合理化」は、「保育器と小家族の過保護機構とその他一連の「合理化」された生育機関」を作り上げる一方で、その外部を、誰からも見捨てられた追放された生の空間へと変質させてしまっている。そのような時代において、ひとはいかにして「成熟した精神」となり、「社会」を作っていけばよいのか？　すなわち、この文章で藤田は、高度化した資本主義の時代に生きる身体にとって、思慮分別を兼ねそなえた「大人」になることがいかに難しいかを語っている。

行論の途中でブレヒトとベンヤミンを引く藤田が、第一次世界大戦の帰還兵士の沈黙に注目したベンヤミン「経験と貧困」を意識していることは確実だろう。[*1]また、「隠れん坊」では隠れる側も鬼の側も、それぞれ異なるかたちで社会からの隔離と幽閉と仲間はずれとを経験するので、鬼は隠れた者を発見し、隠れた者は鬼に発見されることによってともに社会に戻ることができるという解釈は、収容所とレジスタンスという総力戦の記憶との接続を感じさせる、いかにも彼らしい思索の展開だと思う。教科書教材として採録された部分は、こうした議論を展開する上での、いわば方法的前提となる一節でしかない。

上記のような事情をつらまえて、教材編集の恣意性を批判することは可能だろう。第4章の『こころ』で問題化したように、現在の高校国語科の教科書では、もとの文章からの「抄出」というかたちで編集を行った教材が多くある。とくに評論教材は、限られた授業時間の中でさまざまなテーマに触れて欲しいとの要望もあって、本文が短くカットされる場合がほとんどだ。著者の立場からすれば、論旨の中心ではない箇所が抜き出され、本意ではない使われ方がなされている、という印象が生まれることも理解できる。

だが、文章の一部を切り出すという意味での「編集」行為が、その文章の新たな可能性を引き出す契機となることも事実である。「隠れん坊の精神史」にしても、もとの藤田の文章は、「遊戯」や「おとぎ話」の根源に立ち戻って考える柄の大きなエッセイだが、「いま・ここ」を生きる子どもたちの生を見守る視線を欠いている。たしかに、「遊戯」の形式は時代によって変化していく。だが、いまなおひとは、「遊戯」を通じて社会の手ざわりに触れているのではないか。子どもの遊びの中に、社会的な営みの模倣が見られることはしばしば指摘されるが、ある種のコンピューターゲームが、藤田の考える「成年式」の通過儀礼に似た構造を取るのはどうしてなのか。現在、高校教科書に採録されている部分は、そのような新たな問いに接続できる可能性をはらんでいるとわたしは思う。

もちろん、逆のパターンも考えられる。つまり、「編集」された教材が教室の現場で、想定とは異なる意味作用を持ってしまう場合もある。かつて佐藤泉は、国語教科書に掲げられたポストモダニズム的な言説の「富裕感覚」が、軽やかな選択という「自由」への志向を肯定する一方で、自己責任論を核とする新自由主義的な論理を受容する土台を作ってきたのではないか、と論じた。[*2]高校国語科教科書の「言語論的転回」を重視する本書の立場からしても、何度も服膺すべき批判だと思う。

高校国語科の教科書作成に携わる教員は、「編集委員」と称される。それは、現在の教科書が、複数の著作者の文章を集成させた「アンソロジー」（紅野謙介[*3]）としてあるからだけではない。文章の組み合わせを考えることだけが「編集」の作業ではない。一つの文章を教材として成りたたせるために、教室で考える問いに接続するために、どの部分を中心化し、どの箇所を取り出していくか。その意味でも、テクストを教室向けの教材として「編集」する者の責任が問われることになる。

2 教材化の戦略

現在の高校国語が「評論文」として取り上げる代表的なテクスト、丸山真男『「である」ことと「する」こと』も、編集された教材のひとつである。この文章は、丸山自身のまとめによれば、はじめ一九五八年一〇月「岩波文化講演会」での講演として語られ、そのダイジェスト版が『毎日新聞』に掲載（一九五九年一月九日〜一二日）。さらに、岩波新書の『日本の思想』（一九六一年）に収録される際、新聞掲載時の加筆分とあわせて「講演体に復元し、いわばもとの講演と加筆稿とを統合した」かたちで決定稿とされたテクストである。[*4]

高校国語教科書における『「である」ことと「する」こと』については、関口佳美のまとめが重要だ。関口は、教科書教材としての初出である『現代国語2』（三省堂、一九六四年）から論文執筆時までの採録状況を詳細に調査し、経年的に比べると採録部分に変化が見られること、時代が進むにつれ『「である」ことと「する」こと』の読み方が変わってきていることを明らかにした。[*5] この調査を受けて、石井要は、『「である」ことと「する」こと』はいわゆる定番化した教材と言えるが、「国語Ⅰ・Ⅱ」の時代（一九七〇年代後半〜一九八〇年代初め）には「ほとんどの教科書で採録されない」「空白期」が存在すること、教材としてのテクストの位置づけに同時代の丸山への評価が反映しており、一九九六年八月一五日の丸山の死をはさんで、「戦後知識人丸山真男による古典」として紹介・理解される傾向が強くなったことを指摘している。[*6] 石井の示唆を踏まえて言うなら、『「である」ことと「する」こと』は、比較的新しい「定番教材」であるわけだ。

では、現在の高校国語科の教科書では、この教材をどう位置づけ、どのように編集しているのか。関口の調査に倣うかたちで、出典である『日本の思想』の本文に付された小見出しを基準に、採録箇所を整理してみた。表中の「○」は当該箇所の全文が、「△」は一部が採録されたことを示す。また、参考として、石井の言う「空白期」にも一貫して教科書への掲載を続けていた学校図書版の採録箇所も合わせて示した。[*7]

率直に言って驚いてしまった。多様な本文と言えば聞こえがよいが、第4章で見た『こころ』以上にバラバラである。丸山の文章が抄出のかたちで教材化されていたことは知っていたが、まさかここまでとは思わなかったというのが正直なところだ。

先の表を確認すると、『「である」ことと「する」こと』は、二部構成の教科書ではおおよそ第一部の後半、または第二部の前半に配置されている。基本的に国語教科書は目次の順に教材文が使用されることを想定しているから、この位置から推せば、『「である」ことと「する」こと』は、高校二年生の後半、もしくは三年の前半で時間をかけて取り上げられる重厚な評論文、という評価が定着している。しかし、丸山のエッセイのうちどの部分を・どのように取り上げるかという教材化の戦略には、出版社や教科書ごとに相当の違いがあることが見えてくる。

というわけで、「編集」作業の実際を少していねいに見ていこう。まず、各教科書が共通で

				①	②	③	④	⑤	⑥	⑦	⑧	⑨	⑩	⑪	⑫	⑬	⑭	⑮
出版社	教科書タイトル	発行年	節題／単元	「権利の上にねむる者」	近代社会における制度の考え方	徳川時代を例にとると	「である」社会と「である」道徳	「する」組織の社会的擡頭	業績本位という意味	経済の世界では	制度の建て前だけからの判断	理想状態の神聖化	政治行動についての考え方	市民生活と政治	日本の急激な「近代化」	「する」価値と「である」価値との倒錯	学問や芸術における価値の意味	価値倒錯を再転倒するために
教育出版	現代文B	2018	第1部 評論5	○	○	△	○	△	△		△	△	○		○			
教育出版	新編現代文B	2018	第2部 評論3	○	○	△	○	△	△									
三省堂	高等学校現代文B［改訂版］	2018	第1部 評論7	○	○	○	○		○						△	△	○	△
三省堂	精選現代文B	2018	第1部 評論7	○	○	○	○		○						△	△	○	△
第一学習社	改訂版現代文B	2018	第2章 評論5	○	○	△	△	△	○	△			○		△	○	○	△
大修館	現代文B改訂版（上）	2018	7 政治と思想	○	○	△	○	△	○						○	△	○	○
大修館	精選現代文B新訂版	2018	第2部 評論5	○	○	△	○	△	○						○	△	○	○
筑摩書房	精選現代文B	2018	第1部 評論6	○	○				○						○	△	○	△
筑摩書房	現代文B改訂版	2018	第1部 評論5	○	○				○						○	△	○	△
東京書籍	精選現代文B	2018	第1部 評論4	○	○	○		△	△						○	△	○	△
明治書院	新精選現代文B	2018	前編 評論4	○	○	○	○	△	△	△	△	△			○			
学校図書	高等学校現代文新版	1992	Ⅱ 現代の文章 評論	○	○	○	○	△	○	△	△	△			○	△	○	○

※ 1992年の学校図書版は参考データとして掲げた。

行ったこととして、第一に時代のコンテクストからの切断が挙げられる。先の表を節（小見出し）ごとに眺めてみると、⑪「市民社会と政治」は、どの教科書も採録していないことがわかる。この部分は、「警職法の問題のとき「静かなデモ」の先頭に立ったある文学者が「私は何も政治活動をしたとは思わない。文学者として当然の行動をしただけだ」と述べていたのを何かの新聞で読んだ記憶があります」という一文から書き始められる。いちおう注釈を付けておくと、「警職法の問題」とは、一九五八年一〇月、岸信介内閣が提出した警察官職務執行法改定案に対する反対運動のこと。岸は、公共秩序の維持という観点から警察官の職務権限を強化する改定を目指したが、当時の野党と市民の激しい抵抗で挫折、一九六〇年安保反対運動の前史としても重要な出来事だった、というのが辞書的な説明だろうか。ちなみに、ここで丸山が述べた「文学者のデモ」とは、一九五八年一一月四日、文芸家協会が他の文化団体とともに行ったデモ行進を指す。このニュースは当時話題になったようで、『読売新聞』は、「一九五八年文壇十大ニュース」のトップにこの「警職法反対デモ」を掲げている（一九五八年一二月二九日付け夕刊）。先に見たように、『「である」ことと「する」こと』は一九五八年一〇月の講演をもとにし、一九五九年一月の新聞に掲げられた内容なので、「警職法の問題」は、同時代のホットなトピックだったわけである。

しかし、現在の読者からすれば、この具体例はあまりに遠い（おそらく多くの教員も知らないだろう）。限られた授業時間の中で、語句の注釈的な説明に時間を取られるよりは、文章の主張に目を向けてほしいという配慮だろうが、こうした箇所は基本的にカットされる。⑤「「する」組織の社会的擡頭」も同様だ。この部分で丸山は、のちに民主社会党委員長となる西尾末広が、一九四八年の昭和電工事件で政治献金疑惑を問われた際の発言を取り上げている。「西尾末広という個人が個人的資格でやった行動なのか、それとも社会党書記長としての役割で、社会党を代表してやったことなのか」という問いかけは、靖国神社に納められる玉串料は誰の名義なのかとか、首相夫人は公人なのか私人なのかという問題に似てそれなりに興味を惹くのだが、国語の授業時間で敗戦直後の片山哲内閣や日本社会党の歴史まで議論するゆとりはない、という判断だろう。

これに関連するが、第二として、あからさまな政治的トピックは避けられる傾向がある。⑧「制度の建て前だけからの判断」ではスターリン批判と旧ソ連の文学理論についての言及が、⑨「理想状態の神聖化」の部分では、やはり岸内閣当時の重要な政治課題だった教員の勤務評定問題にかかわる部分がカットされている。

そして第三に、現在の価値観にそぐわない内容が省略される。ここまでの例からもわかるように、同時代の読者を意識して言及される具体例は、どうしても古びてしまいがちである。⑤「「する」組織の社会的擡頭」の項では、川端康成の小説『女であること』（新潮社、一九五六〜一九五七）が「である」ことの例に挙げられている。だが、「川端さんの小説を離れても、私達は女「である」という属性からして、女らしさとか女らしい行動様式というものについてさまざまのイメージを思い浮かべることができます」といった指摘や、男性に比べて「とくに家庭にいる女性は、妻としての役割、母としての役割が大部分であり、したがって女「である」ことから、女性の行動様式が「自然に」でて来る面が比較的に多い」等のコメントは、丸山のジェンダー観の後進性を印象づける、現代なら炎上必至という部分だろう。どうせ抄出を免れないなら、著者丸山の歴史的・イデオロギー的な限界を感じさせる内容も、あえて掲げるには及ばないという判断が働いたと考えられる。

3　データベース型教材

具体的な日付と読者を意識した丸山真男の文章を六〇年後の高校生に届けるために、時代のコンテクストから切りはなし、現実政治に直接触れた部分をカットして、現在の価値観から見てそぐわない内容を除外する。そのような操作を通じて、一九六〇年前後という日付を持った同時代批判の文章を、近代日本の一般的な病理を剔抉するテクストへと読みかえていく――。教材化に際して各教科書会社が行ったのは、丸山のことばに滅菌処理をして「真空パック」することだったと言えようか。その意味では、現在ほどんどの教科書は出典表記を「本文は『日本の思想』によった」としているが、せめて「『日本の思想』の一部を抜粋した」と改めるべきだろう。そのうえで確認したいのは、教材としてどの部分を採録するかが、その教科書の中での丸山の評価や位置づけと連動している、ということだ。

象徴的なのは、⑫「日本の急激な近代化」の取り扱いである。この部分で丸山は、福澤諭吉が自身の子どもに書き与えた「日々のおしえ」の内容に注目する。丸山は、福澤が「世の中にむつかしきことをする人を貴き人といひ、やすきことをする人を賤しき人といふ」とする立場から、「大名、公卿、さむらひなど」は形は立派だが「はらのなかはあき樽のやうにがら空き」なのだから、見た目に欺かれてはならないと書いたことを、日本近代における「家柄や資産などの「である」価値から「する」価値へという、価値基準の歴史的な変革」を端的に示すものだ、と位置づける。しかし、と丸山は話頭を転じる。近代の日本では、機能主義的・合理主義的な「する」価値が急激に浸透する場面と、伝統的な「である」価値とが根強く残存する場面とが並立し、「宿命的な混乱」が起こっている。そのことを「明治末年」にいちはやく指摘したのが夏目漱石だった、というのである。

国語教科書というメディアは、この「夏目漱石」という名前に反応せずにはいられない。この固有名を手がかりに、いくつかの教科書は、「明治末年」に漱石が行った講演『現代日本の開化』を参照させる。第一学習社の『改訂版現代文B』は、『「である」ことと「する」こと』のカップリング教材として『現代日本の開化』を掲げている。筑摩書房の『現代文B　改訂版』、東京書籍の『精選現代文B』、明治書院の『新精選現代文B』では、丸山の文章のあとに「資料」として、「現代日本の開化」の抜粋を取り上げている。石井要も指摘したように、こうした編集方針には、「近代日本」の根源的な課題と向き合った大知識人として、丸山と漱石を並べて評価しようとする意識を観取できる。[*8]

一方で、『「である」ことと「する」こと』を、政治や民主主義の基本を考える教材と見なす立場も存在する。いわゆる「主権者教育」の方向性だが、その点を強く打ち出したのが教育出版の『現代文B』である。ここでは、他の多くの教科書が採録している⑬〜⑮の部分を省略し、逆に⑧「制度の建て前だけからの判断」の一部と、⑩「政治行動についての考え方」の全文を採っている。前者は「民主主義」という制度の物神化を戒める内容、後者はデモクラシーの政治は「非政治的な市民の政治的関心」と「「政界」以外の領域からの政治的発言と行動」によってこそ活性化する、という主張を述べた部分である。これはなかなか興味深い選択なのであって、近年、二〇一一年以降の反原発デモ、二〇一四年の「特定秘密保護法」に対する抗議活動、二〇一五年の安保法制反対デモと、議会の外側での抗議活動が問題化されてきたことを考えれば、この部分をどうしても教室の高校生たちに届けたい、という編集サイドの意図は理解できる。大修館書店の二つの教科書は、これに比べると比較的オーソドックスな切り方をしているが、単元名を「政治と思想」と設定したり（『現代文B改訂版（上）』）、カップリング教材に「政治を支える心構え」（苅部直）を持って来たりする（『精選現代文B　新訂版』）あたりに、教材に対する評価がうかがえる。

書き換えとまでは言わないが、かなり強引な編集が行われるケースもある。教育出版と大修館の教科書では、④「「である」社会と「である」道徳」で、封建社会のモラルと近代のそれとを対比する箇所とを引くために、③の冒頭一文（「つぎに、右のような典型の対照をヨリ明瞭にするために、徳川時代のような社会を例にとってみます」）と、⑤の冒頭一文（「これに対してアカの他人同士の間に関係をとりむすぶ必要が増大して来ますと、どうしても組織や制度の性格が変って来るし、またモラルも「である」道徳だけではすまなくなります」）だけを取り出し、つなげる処理を行っている。前後の話題とスムースに接続したいという配慮からだろうが、こうした抜き出し方は、論旨の展開に影響を与えかねないあやうさがある。他にも、第一学習社や東京書籍、明治書院の教科書では、抄出した節どうしをつなげて、新たな小見出しが付け直されている。その点で言えば、筑摩書房の二冊の教科書は、本文や小見出しレベルでの加工はほとんど行っていない。その代わりに、「自由」や「民主主義」の基本について述べた箇所（①・②）、近代日本社会批判の部分（⑫・⑬）、学問・芸術にとっての古典の意義（⑭・⑮）という三つの話題だけが抽出されたことで、論旨の一貫性が損なわれてしまっている。

これも『こころ』をめぐって指摘した通り、教科書教材もまた、ひとつのテクストとしてある。だが、あくまで典拠とした本文を尊重すべきという立場で考えれば、こうした編集行為が大きな問題をはらむことは間違いない。『丸山真男『日本の思想』精読』の宮村治雄は、『「である」ことと「する」こと』のテーマについて、「近代」を「「である」論理、「である」価値から「する」論理、「する」価値への相対的な重点の移動」と捉えたうえで、その尺度から

「日本の近代」の特質を検討したものと概括したが[*9]、そうした主意はともかく担保されたとしても、テクストが無残に切り刻まれたという印象は拭えない。いくつかの節が切り貼りされたことで、よく言えば説明不足、露骨に言えば話題と論旨に飛躍を含んだ文章となってしまっている。その意味で『「である」ことと「する」こと』は、高校教科書での評論文の抱える問題点を集約的に表現している、と言ってよい。

だが、教科書教材を教室での活動の「素材」と考える立場からすれば、こうした本文の編集はあまり問題にならないのかも知れない。教室で話し合ったり小論文を書いたりするテーマが取り出せればよい、というプラグマティズムに徹するなら、一つの文章の中で、法と立憲主義の問題、日本の近代化の問題、文化の論理と経済の論理の違いといった議論のきっかけとなりうるトピックを含む丸山の文章は、相対的にすぐれた教材と言えるだろう。時間をかけて息の長い思考と向き合うことが難しい現在の高校の教室を考えれば、丸山の文章は、複数の議論の土台を提供するデータベース的に受容されているのかも知れない。

しかし、それは果たして「読む」ことなのか。たしかに、テクストにはさまざまな読み方が許されている。「つまみ食い」的な利用自体を否定することはできない（だいいち、教材化自体が「つまみ食い」的な作業だ）。しかし、そうした使い方でよいのなら、別に『「である」ことと「する」こと』でなくてもよいはずだ。

教室で評論文を読む目的は、著者の主張を的確に理解することだけではない。だが、そのことは、テクストに刻まれた思考をないがしろにしてよい理由にはならない。ひとつの評論文には、著者の目から見た「世界」が写されている。そのテクストにおいて著者が何を思考すべき課題とし、それに対してどのような問いを立て、どのような筋道で、どのような処方箋を提示したのか。著者の目を借りることで、教室の生徒たちの「いま・ここ」に、どんな視点を開くことができるのか。あるいは逆に、その立場を取ってしまったことで、何が視界からこぼれ落ちてしまうのか。教室でテクストを読むことは、テクストに刻まれた他者のことばをめぐって、教室の他者たちと思考を始めることでもある。

というわけで、やや大づかみにはなるが、教材文としての『「である」ことと「する」こと』を、分析的に読み直してみたいと思う。扱う本文が問題になるが、ここでは、できるかぎり著者の思考の筋道をたどりやすいものを取り上げたい。そこで、ここでは、現行の教科書の中では最ももとの文章の流れを尊重した本文である第一学習社（『改訂版現代文B』二〇一八年版）を議論の土台とするが、適宜『日本の思想』所収のもとの本文も参照する。

4 『「である」ことと「する」こと』の思考

『「である」ことと「する」こと』の末尾は、次のように締めくくられる。ちなみに、この部分は『改訂版現代文B』には収録されていない。

……現代日本の知的世界に切実に不足し、もっとも要求されるのは、ラディカル（根底的）な精神的貴族主義がラディカルな民主主義と内面的に結びつくことではないかと。トーマス＝マンが戦後書いたものの中に「カール＝マルクスがフリードリヒ＝ヘルダーリンを読む」ような世界という象徴的な表現があります。マンの要請を私なりに翻訳すると右のような意味になります。すくなくともそれが、今日お話ししましたような角度から現代を診断する場合に、私のいだく正直な感想であります。

最後の一文の指示語「それ」が指し示すのは、直前の「現代日本の知的世界に切実に不足し、もっとも要求されるのは、ラディカルな精神的貴族主義がラディカルな民主主義と内面的に結びつくこと」なのだ、という一節であることは自明である。しかし、まず押さえるべきは、この結論の当否ではない。ここまでの文章が、「私」という著者による「現代」の「診断」として書かれた、という言表の方である。「診断」というからには、「現代日本の知的世界」には何らかの欠陥があり、病的な症候が見られる、ということだ。また、「診断」というからには、問題点をより明確にするために、どんな立場から、どんな道具＝手段を用いるかが問われることになる。よって、さしあたり問題とすべきは、「診断」者としての著者のスタンスということになる。

そう考えると気になるのは、この文章の著者が、不断に「〜とは何か？」と問うているように見えることである。先にも引いた宮村治雄は、著者の立場を、文中の表現を使って「概念実在論から唯名論への転回」と位置づける。[*10] しかし、むしろわたしが気になるのは、この文章の著者が、あることばの意味するところ、指示する概念の内実を執拗に問うていることだ。かつて論理学者の沢田允茂は、「Xとは何か?」という問いを、「答えが予想される方向が問い自身のなかに暗示されているような問いや問題と、そうでないもの」とに区分した。前者は、「物価指数とは何であるか」「日本の総人口とは何人か」など、いわば知識にかんする問いである。現在ふうに言いなおせば、インターネットの検索エンジンで調べられる問いである。しかし、後者はそうではない。「人生とは何か」「教養とは何か」「幸福とは何か」という類の問いは、「一体何を観察し、何を調査したらいいかが明確ではない」。沢田は、後者のタイプの問いを「Xということばは知っているが、Xということばの意味は知らない」という命題へと定式化したうえで、人間の知的な探究を次のように表現した。「ことばから出発してことばの意味を理解することによって、ことばがその単なる記号であるところの、ことば以外の対象をよりよく知る」ことだ、と。[*11]

『「である」ことと「する」こと』の著者が、沢田の考える意味で「自由」「民主主義」を問うていることは明らかだろう。「自由は置物のようにそこにあるのではなく、現実の行使によってこそ守られる」、人間は「日々自由になろうとすることによって、初めて自由であり得る」。「民主主義」という制度を十全に機能させるためには、そのプロセスや手続きがなぜ必要かを不断に検証する契機が欠かせない——。この文章の中には、他にも「政治」とは何か、「社会」とは何か、「レジャー」とは何か、という問いが揺曳し、それぞれがどのような意味で用いられているかが論題化されている。

この文章の筆者は、「である」「する」という対比が汎用的な分析概念として有用だと主張しているわけではない。むしろ重要なのは、さも分かったかのように使われている抽象的なことばの前に立ち止まり、「自由」「民主主義」「社会」「レジャー」を「する」とはどういうことかを問い直すことである。すなわち、「である」を「する」に取りかえてみることで、ことばの意味から始まる探究を起動させていくことである。例えば、印象的な冒頭の一節「権利の上にねむる者」は、「自由」を歴史的に考える視座を開く内容となっている。

アメリカのある社会学者が「自由を祝福することは易しい。それに比べて、自由を擁護することは困難である。しかし、自由を擁護することに比べて、自由を市民が日々行使することは更に困難である。」と言っておりますが、ここにも基本的に同じ発想があるのです。私たちの社会が自由だ自由だと言って、自由であることを祝福している間に、いつの間にかその自由の実質はからっぽになっていないとも限らない。自由は置物のようにそこにあるのではなく、現実の行使によってだけ守られる、言い換えれば、日々自由になろうとすることによって、初めて自由であり得るということなのです。その意味では近代社会の自由とか権利とかいうものは、どうやら生活の惰性を好む者、毎日の生活さえなんとか安全に過ごせたら、物事の判断などは人に預けてもいいと思っている人、あるいはアームチェアから立ち上がるよりもそれに深々と寄りかかっていたい気性の持ち主などにとっては、甚だもって荷厄介な代物だと言えましょう。

「私たちの社会は自由である」という言明は、「だ」「である」という陳述的な文末表現で言い切られることで、「自由」という語の意味を自明化し、実体化させてしまう。言い換えれば、「私たちの社会」ではすでに「自由」が達成され、実現されているかのような印象を与えてしまう。そのとき、ではその「自由」とはどのような意味なのか、「私たちの社会」はなぜ「自由」と言えるのかと立ち止まって懐疑する問いが後景化される。つまり、「自由」をめぐる思考と判断が停止する。だが、例えば現代の日本社会を考えれば、ことばの上では「自由」は重要だと唱えながらも、その実、人々にとっての「自由」の基底を掘り崩そうとする権力の作用があちこちに張りめぐらされている。また、「平和安全法制」などという語句に明らかなように、名付けの権力を握る側や、メディアに影響力を持つ者たちが積極的にことばの意味を入れ替えてしまうことさえある。概念的なことばの「そもそも」に立ち帰り、ことばとその意味の関係を問うことは、知的な探究を始めるための第一歩となるのである。

また、ここでの著者の議論は、日本国憲法の条文との対応を想起させる。「この憲法が国民に保障する自由及び権利は、国民の不断の努力によって、これを保持しなければならない」(十二条)、「この憲法が日本国民に保障する基本的人権は、人類の多年にわたる自由獲得の努力の成果であって、これらの権利は、過去幾多の試錬に堪え、現在及び将来の国民に対し侵すことのできない永久の権利として信託されたものである」(九十七条)。ちなみに、二〇一二年に自民党が発表した『日本国憲法改正草案』では、この九十七条が削除され、十二条には「国民」は「自由」「権利」を濫用してはならず、「自由及び権利には責任及び義務が伴うことを自覚し、常に公益及び公の秩序に反してはならない」との一節が書き加えられた。「自由とは何か」を、「人類の多年にわたる自由獲得の努力」という歴史において問い、「自由獲得の歴史的プロセスを、いわば将来に向かって検討する」という文脈において問うことは、例えば日本国憲法でいう「国民」とは誰なのか、という問題提起にもつながろう。こうした歴史のパースペクティブの中で「自由」について検討する議議は「自由や権利」には相応の責任や義務が伴う等々の平板な理解からは、あたうかぎり遠い。

話を戻そう。では、この文章の著者は、「である」「する」という対比を手がかりに、ことばとその意味の関係に着目すると何が見えてくると言うのか。

「プティングの味は食べてみなければ分からない。」という有名な言葉がありますが、プティングの中に、いわばその「属性」として味が内在していると考えるか、それとも食べるという現実の行為を通じて、美味かどうかがその都度検証されると考えるかは、およそ社会組織や人間関係や制度の価値を判断する際の二つの極を形成する考え方だと思います。身分社会を打破し、概念実在論を唯名論に転回させ、あらゆるドグマを実験のふるいにかけ、政治・経済・文化などいろいろな領域で「先天的」に通用していた権威に対して、現実的な機能と効用を「問う」近代精神のダイナミックスは、正に右のような「である」論理・「である」価値から、「する」論理・「する」価値への相対的な重点の移動によって生まれたものです。（傍線部は『改訂版現代文B』でカットされた部分）

あらゆるドグマを疑い、政治・経済・文化の領域で「先天的」に通用してきた権威に「〜とは何か」という問いを突きつける。著者は、「する」というパフォーマティブな行為性の面からことばと意味のかかわりを問い直すことが、「現実的な機能と効用を「問う」近代精神のダイナミックス」のあらわれと考えている。

引用文からもうかがえる通り、この文章の著者は、「近代」を単なる時代区分とは考えない。よって、前近代→近代→ポストモダンといった図式的な見方は採用されない。むしろ、機能主義的な組織の再編や、メリトクラシー（業績主義）といった合理性の契機が、社会のどの局面で、どのように浸透し、いかに現象しているかが問題化される。また、佐藤泉の言うように、こうした著者の発想は、「自然」と「作為」を対比させた『日本政治思想史研究』での議論を想起させる。[*12] しかし、あくまでこの文章では、「である」「する」という多義性をはらんだ語句が選びとられたことに留意したい。文中でも示されているように、「である」はそのものに内在する「属性」であり、それがどう在るかという「持続的な状態」であり、それそのものとしての「存在」でもある。「する」は行為や実践であり、組織の中での「機能」「役割」であり、「運動」や「過程」としてもある。著者は、さまざまな文脈に接続できる日常語を用いることで、日本社会における「近代化」の特質を抽出してみせた。「である」「する」という対比を通じて、社会の「近代化」を動態的に捉え、「近代化」の論理がそれ以前の社会構成原理と衝突したり接合したりする様相を捉えてみせた、とも表現できる。

事実、『「である」ことと「する」こと』の本文中には、現在でも十分通用する指摘が多く語られている。利潤の追求を第一義とする経済の領域では「である」から「する」への価値転換が進んだが、政治の場面では権威主義的な人間関係が根強く支配している、というのはその通りだろう。その「政治」についても、政界や政治家の問題だけでなく、ミクロな人間関係のレベルの問題も取り上げられている。社会システムの近代化は人々の意識にも変化を及ぼすが、その速度は一様ではない、ということ。よって、機能主義的な再編が進んだはずの会社組織の内部でも、いまだに「間柄」的な上下関係が根を張っている場合があること。日本においては「伝統的な身分が急激に崩壊しながら、他方で自発的な集団形成と自主的なコミュニケーションの発達が妨げられ、会議と討論の社会的基礎が成熟」しなかったから、人々は複数の「うち」的関係を往き来する中で、それぞれの「場」にふさわしい振る舞いを使い分けることが求められていること。別言すれば、見ず知らずの「あかの他人」同士が出会い、「討議の手続きやルール」を定めてことばを交わしあう「会議の精神」が養われなかったこと。要するに、他者のいない、より正しくは他者を見ない社会を作ってきてしまったこと――。著者の指摘をこのようにまとめれば、具体的な事例はいくつも思い浮かぶはずである。

しかし、「経済」「政治」の世界での近代化を鋭く剔抉した著者が、唯一別扱いをしたのが「文化」の領域である。なぜ「文化」の領域だけが切りはなされるのか。それは、この文章の著者が最後の節で提示した処方箋にかかわっている。「現代のような「政治化」の時代においては、深く内に蓄えられたものへの確信に支えられてこそ、文化の（文化人のではない！）立場からする政治への発言と行動が本当に生きてくるのではないでしょうか」。

こうした記述が、即時的・反射的な反応ではなく、主体的な市民による深い省察に支えられた「政治への発言と行動」を促すことを目指していることは理解できる。また、深い省察のためには「無為」や「休止」が不可欠で、その「生きた」時間こそが「文化的創造」を支えることも事実だと思う。ポピュリズムを大衆迎合主義と批判的に捉えるような立場からすれば、何かを言ったり行ったりする前にしかるべき「教養」を身につけてほしいと考えたくなるのだろうし、一九六〇年以前に、「大都市の消費文化」が人々の「休日」や「閑暇」を徹底して資本化していくというトレンドを指摘したこととの先見性も評価できる。だが、「近代精神のダイナミックス」を、「である」価値から「する」価値への移行として意味づけていくこの文章の著者が、なぜ「文化」＝「学問」「芸術」だけを特権化するのか、少なくともこの文章の中では説明されていない。学問や芸術の世界が権威主義から自由であるとは言えないし、時間という「価値の蓄積」がなされているからといって、「古典」が「古典」であるという理由だけで墨守されるなら、単なる判断停止でしかないだろう。少し考えれば誰にも明らかなように、「あらゆるドグマを実験のふるいにかけ」、「「先天的」に通用してきた権威」を問い直す営為は、学問や芸術の深化も支えてきたのではなかったか。

おそらく著者自身も、このような二重基準に気付いている。「ラディカルな精神的貴族主義がラディカルな民主主義と内面的に結びつく」ことが大切だとか、マルクスがヘルダーリンを読むように世界と向き合うなどという大仰な修辞や権威を持ち出すあたりにその徴候があらわれていると書いたら、意地悪に過ぎるだろうか。

それにしても、どうしてこのような矛盾が起こってしまうのか。おそらくそれは、『「である」ことと「する」こと』の著者が、この文章の中で「〜とは何か？」と問いを立てる主体の構成を説明できていないからである。文化的な教養は大事だが、それがあるからといって、しかるべき場面でしかるべき問いが立てられるわけではない。心と身体のゆとりなしには内省的な思索はできないが、それは知的探究を始める上での必要条件でしかない。この文章の著者は見事に近代日本を「診断」したが、その課題を解決するために、どんな主体性が求められているかを説き明かすには至っていない。少なくともこの文章の中で著者は、ことばの使われ方を疑い、ことばとその意味の関係を問い直す「近代精神」をどのように作っていくか、その筋道を示していない。「近代精神」と文化的な教養主義とが、どんな論理でつながるのかを説明できていない、と言ってもよい。

「いま・ここ」の現実を、ある一定の枠組みで見直すことで明らかにできることは確かにある。その枠組みをもとに現実を切り分けて考えていくことで、将来に向けた展望が見えてくることもあるだろう。だが、その枠組みを用いることで、かえって見えにくくなってしまうこともある。その意味で、『「である」こと「する」こと』は、一つの視座が開く知の可能性とその限界の双方を教えてくれる。問いを立て、枠組みを作り、それをもとに考えていくことの面白さと難しさの双方を教えてくれる。

教室で評論文を読むことは、著者の問題意識に内在し、思考の展開をたどることで、その立場から何が見えてくるかを確認することである。そのことは同時に、著者の視点の限定性を理解することでもある。ある立場に立つことは、別の立場には立たないことでもある。社会の、現実のあらゆる問題を切り分けられる方法は存在しない。一つの評論文の達成を評価することは、その文章の著者がどんなことには目を向けなかったかと合わせて考える必要がある。『「である」ことと「する」こと』について言えば、その社会で認められた「古典」に対する「教養」「内面的な精神生活」を持たない者は「政治」について発言できないのか、という問いを差し向けることで、著者の主張を知悉するだけではない探究の道すじが開かれる。

『「である」ことと「する」こと』は、「学問」「芸術」を「~とは何か?」という問いから切りはなす。そのような主張は皮肉にも、この文章を戦後日本を代表する知識人の文章「である」から、他ならぬ丸山真男が「学問」「芸術」にとって「古典」は大事「である」と言っているから、この教材を取り扱うのだという権威主義的な捉え方を可能にしてしまっている。だが、教室でこのテクストを読むのなら、この文章での著者の思考の限界と一度は向き合っておく必要があるとわたしは思う。テクストから受け取った問いをそのテクストに投げ返すところから、新しい思考と対話が始まるのである。

定番教材いま、むかし

黒島伝治『豚群』、尾崎翠『初恋』、吉行淳之介『武勇談』、サン゠テクジュペリ『人間の土地』、長谷川四郎『赤い岩』、花田清輝『ものぐさ太郎』、阿川弘之『雲の墓標』、井伏鱒二『「槌ツァ」と「九郎治ツァン」は喧嘩して私は用語について煩悶すること』。このうち、プロレタリア文学者・黒島伝治の小説は、村の小作人たちが、生活の糧として飼っていた豚を小作料の代わりに差し押さえようとする大地主の企てに抵抗する物語。尾崎翠の短篇は、夏休みをある漁村で過ごした「僕」が、盆踊りの祝祭の雰囲気の中で、「緩やかな波のような円舞」の中で出会った男装の麗人に心を奪われた、という話。あまりに長いタイトルなので毎時間板書するのに骨が折れそうな井伏の小説は、相手をどう呼ぶのかが階級の問題と密接にかかわることから生まれた悶着が村全体を巻き込む大事に転化してしまう様子をユーモラスな筆致で描いたものだ。これでいったいどんな授業ができるのか確かめたくなってしまう作ばかりだが、これらはすべて、かつて高校国語教科書に採録され、その後消えていった教材たちである。

かつての「定番教材」も例外ではない。この間の「新しい国語科」批判の文脈で、週刊誌『AERA』が行ったインターネット上のアンケート「教科書で出会った『心に残る作品』」では、一位『山月記』、二位『こころ』、三位『舞姫』、四位『檸檬』、五位『羅生門』『少年の日の思い出』と続く中で、少数意見としてアルフォンス・ドーデ『最後の授業』を挙げた声が紹介されていた（石田かおる「漱石も契約書も必要」『AERA』二〇二〇年一月二三日）。府川源一郎によれば、この小説は戦前から教科書教材として親しまれ、一九七七年度から七九年度の間に小学六年生だった人々の九割近くが使った教科書に採録されていた人気教材だったが、一九八六年以降は「小学校国語教科書からいっせいに姿を消した」（府川『消えた「最後の授業」』大修館書店、一九九二年）。「初演とほぼ同時期に国語教科書に採録され、その後約半世紀にわたって定番教材としての位置を獲得」（千田洋幸『テクストと教育』溪水社、二〇〇九年）してきた木下順二の民話劇『夕鶴』も、現行の高校教科書での採録はない。府川と千田は、それぞれのテクストと戦後ナショナリズムとのかかわりを問題化したが、そうした批判を経て採録が見送られる教材ばかりではない。かつては多く取り上げられていた梶井基次郎『檸檬』や太宰治『富嶽百景』、横光利一『蝿』のような小説も、以前ほどには教室で扱われなくなったのが実情だろう。従来の「定番」教材が男性作家に偏ってきた反省から、現在の高校教科書では、江國香織や川上弘美、多和田葉子や小川洋子など、なるべく女性作家の小説を取り上げようとする傾向も見て取れる。

こうした教科書教材の栄枯盛衰を踏まえて考えると、さきのアンケートにおける『山月記』の人気の高さには驚かされる。タイミングを考えると、この結果には、『AI vs 教科書が読めない子どもたち』の新井紀子の「貢献」(?)も大きかったかも知れない。新井は、自身が提唱する「リーディング・スキル・テスト(RST)」の優位性を訴えたかったのだろう、twitter上で「『山月記』を公教育で課すことで、一〇〇〇人に一人くらい次の文学を生む可能性があるという言説は大嫌い」である、現在の高校国語は「国語の「心を豊かにする可能性があり」「文学を愛し、文学を育む人材を育成する可能性がある」という理由で、九九九人が読めない『山月記』を死守している」と発言し、物議を醸した(https://togetter.com/li/1315204)。だが、むしろ印象的だったのは、新井の書き込みが引き金になって、多くの人々がいっせいに「自分にとっての『山月記』」を語り始めたことだった。「その声は、我が友、李徴子ではないか?」というセリフがパロディのネタとなり、「我が臆病な自尊心と、尊大な羞恥心」という一節が「パワーワード」として反復され、拡散されていく。『山月記』の教材史をめぐっては、佐野幹の労作が高校教員たちの実践の歴史を明らかにしたが(『「山月記」はなぜ国民教材となったのか』大修館書店、二〇一三年)、こうした軽やかな受容のありようは、「『山月記』は教室でどう教えられてきたか?」という国語教育史の問いでは説明できない問題をはらんでいるとわたしは思う。

教室はそれなりにシビアな受容の現場である。教科書もメディアである以上、送り手（教科書編集者、ひいては編集者が依拠した学習指導要領）のメッセージがそのまま受け取られるわけではない。また、教室で教科書を読む際には、メッセージの送り手が教員とテクストに二重化する。教員は教室のオーディエンスに合わせて解釈のコードやコンテクストを調整し、メッセージの受け取り方を変えることもできる。教材の「定番」化を問題視する人々は、現場の「支持」を抵抗と見なしがちである。しかし、その「支持」の背景には、その教材と生徒たちとともに読むことができた、という一種の「成功体験」も含まれているのではないか。授業の新しいアプローチを試みるには、勝手知ったる対象の方が好ましい、というスタンスも考えられる。

だが、そのような「現場」の感覚は、「そうかそうか、つまり君はそういう奴だったんだな」とか、「精神的に向上心のない者は馬鹿だ」という一節しか覚えていない教室のオーディエンスの受け止めとは一致していないだろう。小説の人物どうしを組み合わせ、二次創作めいた想像力をたくましくしていくような受容ともズレているはずだ。しかし、それでよいのではないか。どんなに作り込まれた授業でも、教室のオーディエンスたちには、教員の論理を受け取らない自由がある。教員の読むようには読まないことが、新しい物語のきっかけとなる。タイムラインに書き出された「自分にとっての『山月記』」は、教室が育てたアダプテーションの痕跡に他ならない。

第6章　文学の貧困

「実用文」を読んでみる

1　書類と統制

届出をしたり申請をしたり願い出たり報告をしたり稟議に上げたりするための書類仕事が不得手だと語るひとは多い。わたし自身は決して苦手ではないし、正直に言うとこの種の文書を作成することにマゾヒスティックな悦びを感じる瞬間さえなくはないのだが（わたしは谷崎潤一郎の研究者でもある）、それでも提出先のチェックでミスが判明すると、ひどく落ち込んでしまう。まるで、解法も解答も知っていたのにケアレスミスで間違ってしまった試験の答案用紙を返却されたような気分になる。また、いくら苦手でないとはいえ、この手の文書ばかり作っていると、自分が飛ぶための羽根を使っておカネと交換するための反物を作ることを強いられる鶴のような、と言えば文学的に過ぎるかもしれないが、そんな荒んだ気分になることも事実である。デヴィッド・グレーバーが鮮やかに示したように、二一世紀の大学で働くことは、いま自分が何をしているか、これから何をしようとしているのか、かつての自分が書いた計画がなぜ達成できなかったのかを説明するために創造力を行使する、書類仕事の職人となることを意味している。[*1] しかも、その中の何人かは、自分のことだけでなく、自分の所属する組織の存在理由と未来へのプロジェクトを、体裁を整えた文書と独特の文法に統御されたパワーポイントのスライドで説明する責任を負わされる。こうした業務が世界的に教員や研究者集団のエネルギーを浪費させていることは明らかと思うが、最大の問題は、こうした文書がいったい誰のために、何のために作られるかを誰も説明できないことにある。

人間の想像力とは面白いもので、過去の資料の中から、自分が直面した課題と同じ困難を抱えた人々のことを見つけだしてしまう。以前わたしは、慶應義塾大学図書館が所蔵する旧改造社資料の整理を手伝ったことがある。旧改造社は二〇世紀前半の日本語メディアを代表する出版社のひとつだが、創業者である山本実彦の遺族のもとに、主に一九三〇年代から五〇年代までの出版・編集・流通・経営にかんする大量の文書が残されていたのである。現在、その内容はＤＶＤとして公刊されているが（改造社資料刊行委員会『山本実彦旧蔵・慶應義塾図書館所蔵　改造社出版関係資料』雄松堂出版、二〇一〇年）、とくにわたしの目を惹いたのは、いわゆる「新体制」期以後の出版活動、とくに「紙」の確保をめぐる一連の文書だった。

日本の戦時体制下、とくに一九四〇年一二月の「情報局」設置と業界団体としての「日本出版文化協会」（文協）創設以後の出版流通体制は、当時「出版新体制」と称された。この体制は、一九四一年五月に設立された国策会社「日本出版配給株式会社」（日配）と合わせ、言説の生産・流通・販売を一本の線に水路付けることを目指すものだった。中でも注目すべきは、出版用紙の統制をめぐって、文協に非常に大きな権限が与えられたことである。文協は、出版を行うすべての企業・団体に、書籍・雑誌にかかわらず、初版・重版を問わず、あらゆる出版行為に「企画届」の提出を義務づけた。制度の詳細は既発表の別稿に譲るが、[*2] この「企画届」は、週に一度のペースで開催される文協の査定会議に上程され、当該の企画に特別に用紙を配当するか否か、出版社の手持ち用紙の使用を許可するか否かが審議された。さらに、書籍・雑誌の発行の都度ごとに製本一部と「発行届」の提出が求められ、完成した本と企画届の内容に齟齬が生じた場合には、その旨の記載が義務づけられた。加えて、文協の会員企業・団体は、月ごとの出版実績を記入した「出版報告書」の提出まで要求された。上の図は、戦時体制下の出版用紙配給をめぐる関係図である。一冊の本を世に出すために、「届」「通達」「通知」という文字が並んでい

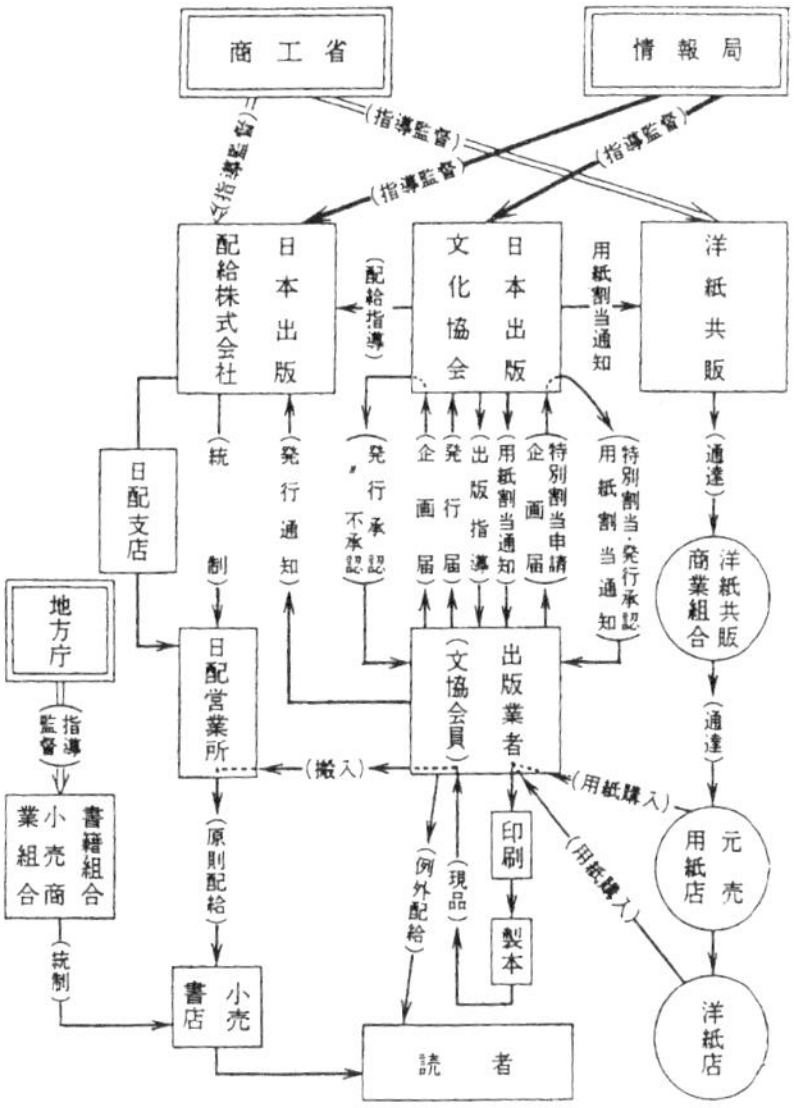

図　戦時下の出版用紙配給関係図
(香内三郎「情報局の機構とその変容」(『思想』1961年5月) による)

るのを見ただけでも、矢印で結ばれた関係のほとんどで、何らかの書類の往復がなされただろうことは明らかだ。これだけの数の書類の作成が出版社のルーティンワークに加わったのだった。旧改造社資料に残されていたのは、こうした膨大な書類仕事の痕跡だったのである。

日中戦争期・アジア太平洋戦争期の日本では、軍を含めた官僚制的なシステムが肥大化し、陸海軍や各省庁の外郭団体や関連する国策会社が多く作られていた。出版用紙統制の事例は、帝国日本の戦時動員体制がさまざまな場面で気が遠くなるほどの大量のペーパーワーク的な業務を生んでいた可能性を示唆するが、*3 その問題は別に追究したい。本書の文脈で大事なことは、このシステムを作った側の人々が、出版事業者に大量の形式的な文書を作らせることに、ある種の教育的な意義を見出していたらしいことである。その証拠に、文協の事務方トップだった田中四郎という人物は、一年目の活動報告として発表した文章で「企画内容を届に書いて著者が捺印して出す」行為そのものが、「自己反省の機会」であり、企画届を作成させること自体が「統制の大篩」をかけることなのだ、と明言している（田中「出版文化建設の現状報告書」『文藝春秋』一九四一年一二月）。すなわち、一定の書式に従って文字を埋め、しかるべき手順を踏まえて文書を提出すること、しかるべき項目に沿って企画内容を表現すること自体が行為遂行的な主体性の構築であり、特定の価値観の内面化につながる、というわけだ。

これらの事例から分かることは、形式的な書類仕事とは、何よりもまして統治と支配のための装置に他ならない、というまぎれもない現実である。ひとは、定型化された書類の作成に駆り立てられることで、自らがある種のシステムに従属していることを日々突きつけられているのである。

2 「新しい国語科」の隠れたカリキュラム

二〇二〇年度に導入された「大学入学共通テスト」国語科において重要な争点となったのは、いわゆる「実用文」の取り扱いだった。二〇一七年五月に発表された「大学入学共通テスト（仮称）記述式問題のモデル問題例」では、「架空の行政機関が広報を目的として作成した資料等」と「駐車場使用契約書」が題材として取り上げられた。[*4] 二〇一七年一一月の第一回試行調査（プレテスト）では、架空の高等学校の生徒会部活動規約をもとにした話し合いの問題が、二〇一八年一一月の第二回試行調査では著作権法の抜粋とその運用にかかる設問が出題された。「実社会」との接続を謳いながら、紅野謙介が「法と契約の言説」への偏りを指摘したこれらの中身については、紅野の著書をはじめ、すでに多くの批判がある。[*5] そうした批判を意識したからだろうか、二〇二一年一月の大学入学共通テストでは、第一日程・第二日程ともに、「実用文」からの出題が見送られたことも周知の通りである。

だが、本書でくり返し述べてきたように、「文学作品か契約書か」という論題設定は不適切である。わたし自身、国語科の授業で「実用文」を取り上げること自体が「悪」とは考えていない。頭語と時候のあいさつから始まる手紙の書き方やメールのマナーは、科目「国語表現」などでこれまでも教えられてきた。時と場合に応じて案内文や議事録のような文章が書けることに越したことはないとも思う。日本語を第一言語としない日本社会の構成員が増加している現状に鑑みれば、役所等での公文書との付きあい方を伝えることは喫緊の課題だろう。

だから問題は、題材としての「実用文」自体ではなく、その読み方と位置づけである。「新しい国語科」では、「実用文」は次のように規定される。必履修科目「現代の国語」の学習指導要領『解説』の一節である。

……実用的な文章とは、一般的には、具体的な何かの目的やねらいを達するために書かれた文章のことであり、新聞や広報誌など報道や広報の文章、案内、紹介、連絡、依頼などの文章や手紙のほか、会議や裁判などの記録、報告書、説明書、企画書、提案書などの実務的な文章、法令文、キャッチフレーズ、宣伝の文章などがある。また、インターネット上の様々な文章や電子メールの多くも、実務的な文章の一種と考えることができる。［略］論理的な文章も実用的な文章も、小説、物語、詩、短歌、俳句などの文学的文章を除いた文章である。

選択科目「論理国語」の学習指導要領では、「読むこと」にかんして身につけるべきことがらとして、「文章の種類を踏まえて、内容や構成、論理の展開などを的確に捉え、論点を明確にしながら要旨を把握すること」という項目を掲げている。『解説』は、この点を次のように注釈してみせる。

文章の種類を踏まえるとは、例えば、提案書や契約書、法令文など、それぞれの文章の種類に固有の特徴を踏まえることである。ここでの文章の種類とは、特に図や表を含む複数の資料とともに記された、論理的な文章や実用的な文章のことであり、小説、物語、詩、短歌、俳句などの文学的文章を除いた文章の種類をいう。（ゴチック体は原文）

記者会見で「お答えを差し控える」と言いつづけることで総理大臣まで登りつめた人物を目にしてしまった現在の日本社会でもっとも「実用的」なことばの使い方とは、論点をずらす技術、強弁を続ける厚かましさ、有無を言わさぬコミュニケーションの遮断の方法ではないのかと嫌味の一つも言いたくなる。だが、ここではまず、『解説』の規定する「実用的な文章」の中身に注目したい。

「新しい国語科」を問題視する論者たちは、「実用文」は一義的で文学作品は多義的だと語るが、その議論は必ずしも精確ではない。文学作品は確かに解釈が分かれるものだが、だからといって、文学作品はどのようにも読んでよいというわけではない。また、「文字通りに読む」と言えば簡単だが、「文字通り」に読んだつもりでも解釈の齟齬が生まれてしまうことはしばしばある（twitterで議論がヒートアップしていく様子を見れば明らかだろう）。文学研究者にとっては常識と思うが、原理的に言えば、ひとはある文の意味を一義的に決定することはできない。むしろ、なるべく意味の揺らぎがないように読むことを要請された文章と、必ずしもそうではない文章との違いと考えたほうが適切だ。言ってみれば、いわゆる「実用文」においては、その文＝メッセージをどう読むかというコードと、そのメッセージが置かれたコンテクストが限定されることで、解釈の可能性が狭められているだけなのだ。契約書で一方を「甲」、もう一方を「乙」と表記するのは、決して能力的な優劣や順位付けの意味ではないと受け取れるのは、契約書とはそのように書かれるものだという形式的慣例というコードがあるからでしかない。

では、こうした議論を踏まえて、先の引用を振り返ってみよう。まず注意したいのは、『解説』の書き手が「一般的には」と留保を付けながらも、「実用的な文章」を「具体的な何かの目的やねらいを達するために書かれた文章」だと規定したことである。そのうえで『解説』では、「報道や広報の文章」「案内、紹介、連絡、依頼などの文章や手紙」「会議や裁判などの記録」「報告書、説明書、企画書、提案書などの実務的な文章」や「法令文」をそのグループに加える。「論理国語」の記述では、それらの文章には「固有の特徴」があるという説明が加えられる。「実社会」で求められる文章にはそれぞれ約束事があるのだから、一定の形式として表現される約束事に従って読んだり書いたりしましょう、と言うわけだ。

一見常識的な議論とも取れるが、これを教室で取り上げることは簡単ではない。先の記述を文字どおり読むと、高校国語の教員は、法律や行政の文章や、広告やジャーナリズムで求められる文章、コンサルタントやプランナーたちが書くだろうスタイルの文章にも習熟しなければならないことになる。教員たちは、教室で生徒たちの前に立つ以上、書店の「実用書」コーナーに並んだ各業種で使われる文章のスタイルをそれなりにマスターすることが求められることになるわけだ。しかし、国語科の教員は法律の専門家ではない。役所の吏員でもなければ司法書士でもないし、ましてやコピーライターや起業家でもない。同じことは第二章でも指摘したが、このような点にも、「新しい国語科」に特徴的な「脱文脈化」（日比嘉高[*6]）の問題が指摘できる。

それだけではない。既述のように「新しい国語科」では、「実用文」を「何かの目的やねらい」を達成する手段となる文章と位置づける。言い換えれば、「実用文」で用いられることばを目的達成のための道具として考える。あくまで手段＝道具である以上、その使い方が「効果的か」を「評価」できる、という発想になる。「連絡文」という目的、「企画書」という目的、「法令文」という目的に対し「文章の組立て方や筋の流れが効果的か、また意図を分かりやすく伝えているか」（『解説』）等の観点から、情報の整理と配置の仕方の良し悪しを評価することができる、というのである。当該の知にかんする専門的な訓練を受けていない教員にそうした「評価」ができるのか、ましてや教室の生徒たちにそれが可能かという問題は先に指摘した通りである。加えて重要なのは、こうした「読み方」が、それ以外の解釈を不必要なノイズとして切り捨ててしまうことである。「実社会」で求められる「実用的」なことばの力とは、小難しい理屈は措いて、場面に応じたテンプレートの枠内で読んだり書いたりする力に他ならない――。「新しい国語科」の推進者たちは、そのように考えているようなのだ。

しかし、まさにこのスタンスに、「新しい国語科」の隠れたカリキュラムが露呈している。ここで想定される「実用的な文章」の学習は、少なくともことばそれ自体の学習ではない。手紙はこのように書かれる、「連絡文」「案内文」はこんなスタイルで書かれる、「企画書」「提案書」の形式はこうであるという「型」を学ぶことは要するに、それぞれの文章にかかわる社会的な規範＝コードとコンテクストを生徒たちの身体に内面化させることを意味している。もちろん、冠婚葬祭にかかわる手紙のような儀礼的なものも含め、状況や場面に応じた言語運用を知ることも大事な勉強だから、高校生のうちに一度ぐらいは触れてもらいたい、という発想は理解できる。しかし、その種の定型化された文章のサンプルは、インターネットを検索すればいくらも見つけ出せるものでもある。「新しい国語科」は、そのような社会的慣習としての「型」を教え込むことが、「実用的」なことばの学びであると取り違えているのではあるまいか（しかもそれが、生徒たちの「資質・能力」を高めることだと位置づけられている！）。

政治学者の野口雅弘が、マックス・ウェーバーを参照しつつ述べたように、「文書作成のスキルは権力資源であり、権力の基礎を構成する」[*7]。だとすれば、「型」にはまった文書をいくらでも作れる力を身につけることが、新自由主義の時代を生き抜くうえで必要とする考え方は同意はしないが理解はできる。しかし、高校国語の教室で行うべきは、新兵の訓練よろしく、大人たちの作ってきたテンプレートに合わせて書類の空欄をサクサクと埋めていく身体を鍛えることではないとわたしは思う。自ら進んで社会的規範としての「型」に従属し、他の身体の従属度合いを「評価」しあうような態度を培うことではないとも思う。

くり返せば、言語は社会的な約束事の体系である。「実用的な文章」として列挙された文の「型」も、つまるところ歴史的・社会的に作られてきた慣習でしかない。元官僚で過去には参議院議員も務めた礒崎陽輔の著書『分かりやすい公用文の書き方』を手に取ると、「公用文の書き方」には「必ずしも公式の出典があるわけではなく、官公庁における慣行に依拠した部分が多い」という一節が目に入る。また、礒崎はこの本を書いた動機として、かつては「役所であれ企業であれ、従来、先輩から後輩へ厳しく仕事の仕方を伝え、後輩はそれを習熟する努力を重ねてきた」ものだが、近年は「この伝統の伝達過程に空洞が生じ始めている」、よって致し方なく「私自らの経験を基礎」にマニュアルを作った、と書いている。[*8] つまり、「慣習」「慣行」である以上、絶対的な根拠があるわけではない。「公用文のルール」と言っても、多くの場合明示されない慣例やこれまでの経緯、政治との関係などの文脈を暗黙の前提として踏まえつつ、さしあたって従うことが求められる、とりあえずの約束事でしかない。

わたしに言わせれば、「新しい国語科」に欠けているのは、この「さしあたり」と「とりあえず」への眼差しである。それは、「いま自分がどんな言葉を用いているか」を相対化する意識、ことばをめぐる自意識だと言い換えてもよい。

もちろん、先掲の野口が強調するように、官僚制的な文書主義の排除は恣意的な権力を招き寄せてしまう。[*9] 現代社会に生きる以上、書類仕事から完全に逃れることは不可能だ。しかし、かつてミシェル・フーコーは、「批判的な態度」とは「統治の技術」の一般化と並行して析出される、と述べた。「統治の技術を警戒し、これを拒否し、これを制限し、その適切な大きさを決定し、これを変革し、この統治の技術の適用を免れる方法として生まれた」のだ、と。[*10] その意味で、「さしあたり」と「とりあえず」という意識を担保することは、フーコーが言う意味での「批判的な態度」をすべり込ませる余地をつくり出す。自分が投げこまれたゲームのルールを明示的に自覚できれば、それをズラしたり、裏をかいたりする可能性が生まれ出るからである。そのような不埒で「不従順」なありようこそが、新たな価値観、新しい枠組みにつながる契機ともなるはずだ。[*11] なぜそのような言い方がなされるのか、そうした書式への適応を求めることで、どのような声が排除されるのか。こうした素朴な、ある意味では野蛮な質問から、その「慣習」「慣行」を自明視してきた社会や制度に対する批判的な視線が析出される。それこそまさに、ものごとを多様な観点から見つめ、自ら課題を発見する「主体的な学び」ではないか。どうせ「実用文」を読むならば、そこまで徹底してやってみるべきではないか。

場面や状況の中で、文脈として張りめぐらされている空気をあえて読まないで、ことばそれ自体と向き合うところから「批判的な態度」が呼び起こされる。「実社会」との無媒介的な接続を志向する「新しい国語科」には、なぜこうした表現や言いまわしが求められているかというもやもやした違和、不満や不信や苛立ちを受けとめる姿勢が欠けている。

だが、ことばを軽視する者は、ことばによって足をすくわれる。千葉雅也は、ポール・ド＝マンの批評を引き合いに出しながら、テクストを見つめすぎると、テクストは常識的な運用に抵抗し始める、と書いた。夏目漱石『門』の宗助が、「近」や「今」という文字を見つめすぎて文字と意味とが結びつかなくなってしまった、というエピソードを想起させる議論だが、そこから千葉は、テクストとは「本来的に多義性へと炸裂」するものであり、「一字一句という即物性において、文学が契約書になり、契約書が文学になる」[*12]と書きつける。彼一流のレトリカルな言いまわしだが、言いたいことは理解できる。「契約書」＝法的な言説さえ、書き込まれた文字とことばに向きあい、一字一句にこだわって精読を始めてみると、途端に奇妙なメッセージを発し始める、ということだ。

その痕跡は、さきに見た学習指導要領『解説』にも刻まれている。振り返ってみよう。『解説』は、「実用的な文章」を、「具体的な何かの目的やねらいを達するために書かれた文章」だと規定していた。小説にしても詩にしても、「何かの目的やねらい」を持たない文章が世の中にあるのか、と思わず混ぜかえしたくなるが、その一方でわたしは、このテーゼが開く「非実用的な文章」の可能的なイメージに魅惑されてしまった。何ら「目的やねらい」を持たず、つまりは誰にも受けとめられることのない、自己自身を目的とした、ただ文字として書き記されるためだけに書かれた文章。そんなつもりでは書いていない、とは言わせない。わたしは『解説』の本文から出発し、一定の論理的な筋道をたどってこのイメージに逢着したのである。書き手が意図したか否かにかかわりなく、日常的な言語運用から逸脱するような操作を何ら行っていないにもかかわらず、「そのようにも読めてしまう」――。まさに、この点にことばの難しさと面白さがある。「実用的な文章」の一つであるはずの学習指導要領『解説』から、ひとは、ほとんどボルヘスの小説のような前衛的な文学のビジョンさえ、引き出すことができてしまうのだ。

3 「文学国語」の中の「文学」

もう少し、この「実用文」と付き合ってみたい。「実用文」たる学習指導要領『解説』からでさえ、ある種の「文学」を取り出せるなら、当の『解説』は、「文学」をどう定義しているのか。「新しい国語科」がデザインした選択科目「文学国語」の『解説』から、国家とそのエージェントが描き出した「文学」のイメージを取り出し、検証してみよう。

「学習指導要領」とは、日本全国の初等・中等教育機関における教育課程の基準を大綱的に定めた文書である。『学習指導要領解説』は文科省が発表する公的な解説書である。これらの文書はいずれも、じつに整然たる構成で書かれている。

今回議論になった高等学校用のものを見ても、「総則」と教科ごとに大部の『解説』が作られ、教科「国語科」の中でも「総説」として「改訂の経緯及び基本方針」「改訂の趣旨及び要点」「目標」「内容」「科目編成」が説明される。その上で科目ごとの「性格」「目標」「内容」「内容の取り扱い」が示されていく、という具合である。科目「文学国語」についても、設置の背景とねらいが記されたのち、具体的な教育内容が「知識及び技能」「思考力、判断力、表現力等」に区分されて示され、さらに「話すこと・聞くこと」「書くこと」「読むこと」というスキルごとに細分化されていく。行政文書とはそのようなものなのかもしれないが、じつに壮大な見取り図だという他にない。これが科目ベース、教科ベースと積み上げられて、高校三年間、ひいては小中高一二年間の学習の枠組みがデザインされているわけだ。

ただし、「実社会」の人間ならば誰もが知るように、計画はあくまで計画であり、目標はあくまで目標である。法的・制度的な言語と実際とのあいだには、つねに一定の距離がある。これまで人びとは、前例や経験に照らして、都度ごとの判断を更新しながら、解釈と運用でその空隙を埋めてきた。国語の高校学習指導要領も、従来はそのようなものとして理解され、受容されてきた。しかし、今回ばかりは様子が違う。大滝一登視学官は、「学習指導要領には一定の法的拘束力があるとされる」以上、「この規定を無視したり勝手な解釈をしたりする」ことは不適切だとくり返し警告している。*13「新しい国語科」のプログラム策定に影響を与えたと思しき研究者は、必履修科目「現代の国語」について、学習指導要領が「資質・能力」ごとに割り当てた授業時間数――「話すこと・聞くこと」に二〇～三〇時間、「書くこと」に三〇～四〇時間、「読むこと」には一〇～二〇時間と書き込まれている――を確保しなければ、その科目の単位は「未履修」になる、と恫喝まがいの文言を書き記している。*14 現場の教員は決められた内容を決められた範囲で授業すべきで、教室ごとの裁量は認められない、というのである。

では、そうした制約と圧力がかけられる中で、「文学国語」はどのように定義されるのか。『解説』の冒頭、この科目の「性格」の説明を見てみよう。

国語は、長い歴史の中で形成されてきた我が国の文化の基盤をなすものであり、また文化そのものでもある。特に文学は、人々の心の機微を描き、日常の世界を見つめなおす契機として、我々の文化を築く上で重要な役割を果たしてきた。豊かな感性や情緒を備え、幅広い知識や教養をもち、思考力、判断力、表現力等を身に付けるためには、文学作品などの文学的文章を通した様々な学習が必要不可欠であり、今後の文化の継承と創造にも欠くことができないものである。

この部分には、「文学国語」が想定する「文学」の特質が端的にあらわれている。

第一に注意すべきは、最初の一文が明らかに示すごとく、「文学」が「我が国の文化」、「国語」の「長い歴史」の内部に包摂されていることである。別言すれば、「文学」が「国語」に従属させられていることである。そのため、「文学」を学ぶ意義は「我が国」の「今後の文化の継承と創造」に益する点にある、と表現されることになる。第二に、「文学」が情動性と強く結びつけられている点も重要だ。この『解説』にとって「文学」とは、「人々の心の機微」を描き、「豊かな感性や情緒」を育てるものなのだ。つまり、「文学」が個人の内面の問題に閉じ込められている。

そのように考えれば、先の引用で「文学」が「日常の世界を見つめ直す契機」（傍点引用者、以下同じ）と限定的に表現されている点が問題となる。「世界」という語には、ある種の共同性から地球規模の全体性までさまざまな意味があるけれど、ここで「文学」は、そのような意味での「世界」を広く「見つめ直す契機」とは見なされない。ここでの「文学」は、歴史や政治や社会への接点を、あらかじめ奪われてしまっているのである。たぶんこの『解説』の書き手は、近代のプロレタリア文学や戦争文学や大江健三郎の小説を読んだことがないのだろう。

言うまでもなく、「文学」を「我が国の文化」の中に押し込めること自体、すぐれて政治的な振るまいに他ならない。戦争と写真にかんするスーザン・ソンタグやジュディス・バトラーの思索を想起するまでもなく、「感性」「情緒」も言語やメディアによって社会的に構築されるものだ。[*15]『国語教科書の思想』の佐藤泉は、一九六〇年代以降の高校国語科は一貫して「文学」を脱歴史化・脱政治化させてきたと看破したが、[*16]「文学国語」のコンセプトがその延長線上にあることは明らかである。

そのためだろう、『解説』が例示する文学的表現は、じつに味わい深いものとなっている。「言葉には、想像や心情を豊かにする働きがあることを理解する」学習の説明には、「夏の太陽に焼かれた丹色の砂の大海が、肉体から容赦なく水分を奪っていく」とか、「土砂降りの中を泣きながら家に戻った彼は、もう一度彼女に思いを伝えたくて電話を手に取り画面を見つめた。一時間後、ゆっくりと電話を切った彼が窓の外を見ると、雨はいつしかやんでいた」という例文が読まれる。ここだけ取り出すとてもロマンティックでセンチメンタルな文だが、これではまるで（悪い意味での）「ポエム」ではあるまいか。

マンション広告の独特なコピーを「マンションポエム」と表現した大山顕は、「ある文章がポエムの体裁をとるとき、そこでは何かが隠されようとしている」と論じた。[*17] だが、隠されている「何か」を知るためには、レトリカルな分析が欠かせない。先にあげた例文も、前者は隠喩や換喩の問題として、後者は語りの時間の操作の問題として考えられるが、「文学国語」が目指すのは、あくまで日本語の表現の奥深さを読み味わい、書かれた情景を生き生きと「想像」して、しみじみと「心情」を豊かにすることなのだ。

同様のことは、「読むこと」の指導として言及された「語り手」の概念にも指摘できる。黒田大河は、今回の『解説』で、従来「書き手」と表現されたところが「語り手」に改められた点に注目し、作家中心の立場から「作品の解釈を深めるための作品論、さらには読者論的な立場へとパラダイムチェンジした」と述べるが、[*18] その評価はいささか早計ではないか。テクスト分析の際に「語り手」という方法概念を持ち込むのは、語られた文の視点の限定性を意識化するためである。つまり、語り手が何を語り、何を語っていないのか、何が見えていて、何が見えていないのかを浮上させるためである。しかし、「文学国語」が提示するのは、語り手を人格と同一化したうえで、その人物の「ものの見方、考え方」を深く学ぶ、というプログラムの方なのだ。だから、「三人称の視点で書かれた小説の一場面を特定の登場人物からの一人称の視点で書き換える」という、それ自体は興味深い学習活動について、「当該人物の心情描写は三人称で書かれたものよりも、自ずと詳細なものとなる」としか説明されない。ここでも問題は、「人物」の「心情」でしかないわけだ。

見られるように、「文学国語」には、総じて批判的な分析の契機が欠けている。「文学国語」における「読むこと」は、与えられた言葉を受けとめ、「作者」の意図の枠内でその「効果」を測定し、「作者」のものの見方・考え方を捉えることを通じて、読者自身のものの見方・考え方を「深める」ことに終始している。

もちろん、テクストを受けとめ、いったんはその論理に内在的に思考することは大切な作業である。だが、それだけでは不十分だ、と言いたいのである。そもそもテクスト分析の際、誰が・いつ・どこで・誰に向けて・どのように語るのかと問う必要があるのはどうしてなのか。『解説』では、「文学的文章における文体の特徴や修辞などの表現の技法」について、書かれた時代や場面に即して整理し、「それら文体の特徴や表現の技法が使われるようになった背景をその効果とともに理解」させる、という分かったような分からないような文言が書き込まれているが、「場面」「背景」とその「効果」との関係という問い方では、結局は書き手の意図やねらいの方が中心化されることになる。それら「文体の特徴」や「表現の技法」を語り手の「戦略」と捉えれば、テクストに対する批判的な分析の地平を開くこともできるはずだが、『解説』の書き手たちには、そのような視点が欠落している。

「文学国語」の学習指導要領には、「読むこと」の教育内容として、「人間、社会、自然などに対するものの見方、感じ方、考え方を深める」という記述がある。しかし、この部分について『解説』は、前段の一節「人間、社会、自然などに対する」のすぐあとに、「人生の諸事についての自らのものの見方、感じ方、考え方」と補わずにはいられない。『解説』の立場では、「文学」から学ぶべきは「人事の深み」（だが、とは何か？）「社会や自然に対する書き手独自の見方」（世界観や自然観のことだろうか？）でしかない。「文学国語」の「社会」は、決して主体が働きかける対象ではない。「自然」は身体を脅かす他者ではなく、徹底的に人間化されたそれでしかない。

4　文学の貧困

読まれるように、科目「文学国語」の『解説』は、日本国家の公文書として、かなり独特な文学観を表明している。「文学」は「我が国」の「国語」「文化」の伝統の内側に留め置かれる。だから、「文学」を学ぶことで、「我が国の文化における自然の捉え方や死生観など、先人から脈々と受け継いできた言語文化やその背後にある精神性」を「自覚」できる、という発想になる。一九四三年の小林秀雄は、源家三代将軍・源実朝を、戦争と陰謀の渦巻く時代に生きた無垢で純粋な「詩魂」と位置づけながら、おそらくは戦場に向かう若い読者を想像しながら、「ここに在るわが国語の美しい持続というものに驚嘆するならば、伝統とは現に眼の前に見える形ある物であり、遙かに想い見る何かではない事を信じよう」(「実朝」『文学界』一九四三年二月)と呼びかけた。「文学国語」に刻まれた「文学」観は、このような考え方に近いものだろう。アジア太平洋戦争期に書かれた、ナショナルな伝統への無媒介的な没入を促す発想と類似しているというだけでも相当な問題だと思うが、まるで金太郎飴のようにどこを切っても見えてくる「我が国」の「言語文化」や「精神性」という発想が、日本語で書かれた過去の膨大なテクストのごく一部しか「伝統」と認めない偏った認識に貫かれていることに、『解説』の書き手はどこまで自覚的なのだろうか。

さらに問題なのは、「文学」を徹底して脱政治化・脱歴史化することで、「実社会」から引き抜いていることだ。そのため、一九八〇年代以降の文学研究で一般化した間テクスト性という概念も、かなりいびつに解釈されることになる。「読むこと」の学習について『解説』は、主に古典テクストを念頭に、「作品の独創」は、「文化的な慣習の受容と批判の中から生まれてきた」とする。だが、どうして「慣習」に「文化的」なる限定がかかるのか。ある種のテクストの再生産が、イデオロギー的な価値観の再生産につながりうることは、現在の文学・文化研究の常識である。だから、過去のテクストを文庫本などで再刊する際にはほぼ必ず、今日的な人権擁護の観点に言及するのではなかったか。加えて「文学国語」では、書き手のねらいを受けとめ、その意図の枠組みの中で表現の「効果」に感心し、「言葉の適切さや美しさを判断する感覚」を洗練させることが志向されることも忘れるべきではない。なるほど、繊細な言語感覚を鍛えること自体は悪くない。しかし、この社会の過去と現在を振り返ればすぐに思い当たるように、ことばをめぐる感覚が「国語」の「共同体」の中に閉じられたとき、言語はあからさまな選別と排除の装置として機能する。本格的に移民社会段階に移行したこの列島で、「文学国語」は、言語運用にもとづく新たな支配構造を再生産する片棒を担ぐとでも言うのだろうか。

おそらく、こうした「文学」の囲い込みは、「新しい国語科」の特徴であるところの、テクストに対する批判的な分析を想定しない姿勢と相即している。そして、おそらくこの点に、学習指導要領と『解説』の書き手たちのひそかな欲望が滲出していると言ってよい。「新しい国語科」の推進者たちは、ことあるごとに、これまでの教室は「教材文の読み取り」ばかりに偏ってきた、と語ってきた。大滝一登視学官を筆頭に、高校国語科では、解説中心で講義調の授業ばかりが幅をきかせてきた、という批判がくり返された。しかし、言うところの「解説」や「講義」が、教育の内容や価値に対する批判的契機を欠いた一方通行的な〈上から下への押しつけ〉を含意するならば、それこそまさに、この『解説』が、あるいは「新しい国語科」の主唱者たちが行おうとしていたことに他なるまい。与えられた言葉を金科玉条のごとくに受けとめ、その枠組みの中で意図や効果を検証し、工夫すること。それこそまさに、「新しい国語科」が現場の教員に求めていたことと同断ではないか。紅野謙介は、今回の高校国語学習指導要領関係者が多くの「解説本」を執筆している事実に注意を促したが、[*19]つまりここには、〈上から下〉に向かう言葉のヒエラルキーがあるわけだ。学習指導要領がつくられ、その公的な『解説』がつくられ、さらに民間出版社からその解説やマニュアル本が量産されていく。まさに権威主義的と言う他にないこうした構図は、ことばに対する批判的な分析を後景化させたことの帰結以外ではない。

「文学国語」がナショナルな情動の共同体にまどろむことを目指す科目であるなら、同じ高二・高三の選択科目と設定された「論理国語」はどうなのか。確かに、この科目の目標には「文化的背景を異にする他者」との協働という文字が書き込まれていて、例によって「文化的」という限定が気にかかるものの、「文学国語」よりは開かれた姿勢にも映る。しかし、阿部公彦が指摘するように、この科目の学習指導要領にも『解説』にも、「「論理的とは？」」「実用的とは？」といった点が十分に説明されていない」[20]。そのため『解説』に書かれたプログラムを見る他ないのだが、結局のところ示されるのは、主張と根拠との関係、原因と結果との関係を大切にせよ、というメッセージのくり返しだけなのだ。

例えば、この科目の目標には、「論理的に書いたり批判的に読んだりする資質・能力」の育成が謳われている。その部分には、以下のような説明が付されている。

論理的、批判的に考える力については、共通必履修科目において「論理的に考える力」としていたものを受けている。批判的にとしたのは、「論理的に考える力」に加えて、文章や資料における情報や、情報と情報との関係などをそのまま受け入れるのではなく、文章や資料を対象化して、その正誤や適否を吟味したり検討したりしながら考える力や、それを踏まえて自分自身の思考を意識的に吟味する力を重視したことを示している。

「文章や資料を対象化して、その正誤や適否を吟味したり検討したりしながら考える力」が大切であることは誰もが了知している。だが、その一方で『解説』は、「読むこと」で指導する内容として、「この文章で書き手が何を伝えようとしているのかということを誤りなく把握するためには、文章に表れている書き手の思考の進め方に着目し、書き手の考えや強調点を読み取ることが大切である」「書き手の意図との関係において」構成が適切か、資料の示し方がわかりやすいかを「多面的・多角的な視点から評価する」と書き込まれている。やはり重視されるのは、書き手の「思考の進め方」であり、「意図」やねらいなのである。先に引いた目標を本当の意味で生かすなら、すなわち、書き手の議論の前提や枠組み自体も含めて「対象化」する批判的な読み方を実践できたなら、〈これまでの高校国語科は、「訓詁注釈」風の一方的な授業が行われてきた〉〈大学入学共通テストに記述問題を入れることで、「主体的」に考え、書く力をつけることができる〉等々、エビデンスを欠いた思い込み、あやふやな前提にもとづく臆見、手段と目的の転倒を避けられたのではないかと思うのだが、いかがなものだろうか。

また、文章中の資料や情報、情報と情報の関係を吟味するというのも、じつは言うほど簡単ではない。跡上史郎は、日本生涯学習総合研究所が新しい国語のテストのあり方として提案した主張・データ・理由付けという「三角ロジック」を問いなおす中で、情報の正誤や適否・確からしさの判断が、往々にして語り手の信頼度等、別の要因に置き換わってしまうことを問題化した[*21]。この間の新型コロナウイルス感染症をめぐる情報爆発を見れば明らかだろう。いわゆる「専門家」でない限り、メディアを駆けめぐる情報の正誤や適否を判断することは難しい。だから、確からしい「専門家」の言説に依拠する以外にないのだが、その見解を否定する別の立場の「専門家」の語りが提示されたとき、一般の人びとがその対立を論理のレベルで検討し、判断することは困難だろう。

いずれにせよ、先掲の阿部公彦も論じているように、人間にとって「論理」とは、じつに難しく、厄介なものなのだ。何しろ人間は、「意味」や「目的」を求めてしまう存在である。[*22]「急がば回れ」などが典型的だが、論理的に考えれば矛盾と思える文も、「よくその真意を考えてみるとなかなか穿った説」(『新明解国語辞典』)としての「逆説」と理解できてしまう。偶然の出会いを運命的と意味づけることができるように、ひとは、まるで無関係な出来事の間にも、あからさまな飛躍にさえも、ある種の解釈を含む筋道を作り上げてしまう。おそらくそれは、〈物語的想像力〉と言うべきものだ。そして、「文学国語」をナショナルな感性・情緒の領域へと追いやり、「論理国語」で実用性と形式的な論理操作ばかりを前景化させた「新しい国語科」が結果として排除したのは、まさしくこの〈物語的想像力〉と、それに対する批判に他ならない。

〈物語的想像力〉は、デマやフェイクニュース、プロパガンダの土壌となる一方で、時代やコンテクストを跨いだ創造的な関連づけ、発見的な推論を可能にするものでもある。加えて、言語論的転回以後の人文社会科学は、こうした〈物語的想像力〉のメカニズムや機能、イデオロギー的な問題性と批判的に対峙する学知としてもあった。ロラン・バルトの古典的な名著『現代社会の神話』や『モードの体系』は、政治の言語、報道の言語、広告の言語、ファッションの文法など、「実社会」のことばとイメージを分析的に読み解くすべを教えてくれたのではなかったか。[*23]その伝で言えば、「新しい国語科」は、教室から文学的文章を排除するから問題なのではない。「新しい国語科」の推進者たちが大好きな「実社会」では、かれらが考えるような、ＴＰＯに応じてパターン化された情報処理が行われているわけでは決してない。程度の多寡はあれ、ひとは、限られた手持ちの情報をもとに、それぞれの「世界」を構成していかざるを得ない。ひとは、そのようにして再現＝表象された「世界」の枠組みを基点に現実と交渉し行為する中で「世界」の表象を少しずつ調整するが、時にひとは、信念とともに自らの「世界」に没入する方を選ぶこともある。「新しい国語科」のプログラムは、こうした〈物語的想像力〉の魅惑とあやうさの双方に触れる機会を奪ってしまう。言い換えれば、互いの「世界」の〈正しさ〉どうしがぶつかり合い、葛藤し、激しい衝突にまで至ることもある「実社会」の言葉の力と、その恐ろしさから遠ざけてしまうことが問題なのだ。よって、大事なことは、たんに文学を教室に呼び戻すことではない。「文学国語」にしても「論理国語」にしても、文学をどのようなものとして呼び戻すかが重要なのだ。

「文学国語」に話を戻そう。紅野謙介は、「新しい国語科」の解説者たちの「「文学」概念があまりに狭い」と疑問を述べたが[*24]、わたしに言わせれば、解説者たちは、かれらにとっての「文学」という表象に取り憑かれているのではないか。かつてマルクス＝エンゲルスの『ドイツ・イデオロギー』は、「ドイツのあたらしい革命的な哲学者たち」を批判するにあたって、次のような寓話を書きつけた。「かつてある健気な男がいて、人が水に溺れるのは人が重力の思想にとりつかれているせいだと思い込んだ」。ひとびとがこの思想を「迷信」として頭に置かなくなれば、人びとはどんな水難にも平気でいられると考えたかれは、重力の幻想がどんな有害な結果をもたらしてきたか、懸命に証し立てようとした[*25]――。学習指導要領とその『解説』の書き手や、「新しい国語科」の推進者たちは、まるで「文学」の亡霊と戦っているようにわたしには見える。国語科が「文学」から自由になることで、将来の「予測困難な社会」を生き抜くために必要な、「実社会」に適応的な言葉の力を身につけることができるのではないか、と。しかし、かれらは「敵」としての「文学」を見誤ったことで、肝心の「論理」の姿まで、捉え損ねてしまったようだ。

かつてポール・ド゠マンは、「言語を確立された意味のパターンとしてではなく、記号と意味作用のシステムとして考えることによって、文学的な言語使用と非‐文学的な言語使用と考えられるものとの間にある伝統的障壁はずらされ、あるいは停止すらされ、また言語資料はテクストの重苦しい神聖化から解放される」と書いていた[*26]。そもそも言語論的転回以後、「文学」と「文学ならざるもの」とを明確に区分することは不可能である、ということだ。にもかかわらず、「文学」と「文学ならざるもの」との間に境界線を引きたくてたまらないひとびとに対しては、ド゠マンの次のような発言を紹介したい。

> 文学性の最も誤解を招くとらえ方というのは、――それは現代文学理論に対して繰り返しなされる異議ともなっているのだが――文学性を純粋な言語レベルのもの、絶対的なフィク

ションという考え方に基づいて現実原則を否定してしまうもの、しかも倫理的・政治的に恥ずべきこととされている理由で、そういうものとすることである。この攻撃が反映しているのは、被告の罪というよりは攻撃者の側の不安である。[*27]

かくして「文学」は、世の中のあらゆることばに滲透していく。ひとは決して、そのことを否定することができない。「新しい国語科」は「文学」を恐怖しているが、まさしくそれは、「改革」を推し進めようとした側がひしひしと感じているのであろう、「文学」の遍在性に対する「不安」の裏返しに他なるまい。

著者は正答ができない？

以前、テレビ番組『タモリ倶楽部』で、「作者の気持ちを作者は解けない？」と題した企画が放映されたことがあった。評論家・武田砂鉄のエッセイ「鼻毛に背負わせすぎ」に依拠した大学の入学試験問題を、武田本人とパーソナリティのタモリを含む四名が解き、出題にかかわった大学教員が解説するというもので、著者の武田と出題側との解釈の相違が議論される興味深い内容だった。SNSの時代になって、問題文の著作者からの発信も相次いでいる。近年では、社会学者の富永京子や詩人の最果タヒが自著を採用した入試問題に挑戦、解答に苦戦する様子をtwitterに投稿し、話題を呼んだ。

「著者なのに正答ができない」——。国語の試験問題に対して、この種の批判は以前からくり返されてきた。かつて丸谷才一は、自著を使った試験問題が主張を「曲解」していると厳しく批判した。文藝家協会は毎年、各大学の学長や中学高校の学校長、教育委員会、作問責任者に宛てて「試験の実施のためにやむを得ないと認められる範囲以上に作品を改変しないこと」を含む要望書を出しているが、これを報じた新聞記事は、「原作者が正解できない入試問題は、やはりどこか変だ」「文藝家協会という第三者の

「監視」で難問奇問をなくしたい」(「作家と入試」『読売新聞』大阪朝刊、二〇〇四年三月一八日)と書いた。だが、定期試験でも入学試験でも、一度でも国語の問題作成に携わったことがある者なら、問題文の著作者だからといって、「正答」にたどり着けるわけではないことは常識の範囲に属することがらだろう。

一度公表された文章はもはや著作者の手を離れている、という原理的な問題だけではない。『「国語」入試の近現代史』(講談社)の石川巧は、「客観性と公平性という原則」を担保するために、試験問題の作成にあたっては、「①出題文の素材、②設問形式、③採点基準の段階でそれぞれに技法を凝らし、主観的な要素、不公平になる要素を排除する方法が常態化している」と指摘する。石川の言を借りれば、国語の試験問題では、著作の一部分を切り取って出題するスタイルや、生身の「作者」にまつわる情報を可能な限り遮断する設問形式が採用されることで、著作を「特定の作者にプライオリティがある「作品」」として捉える発想とは異なる論理が作動している。わたしなりに言いなおせば、著作者はつねにその書物や論文全体のコンテクストの中で文章を位置づけるし、著作者が織り上げることばには、その著作者の過去の主張や、自分とは対立する論者への意識も含まれている。しかし、試験問題の場面では、あくまで切り出されたその部分に書かれていることだけが問題になる。話を分かりやすくするために極端な例を挙げると、著者が出題文の典拠となった本の別の箇所で述べている内容であっても、そのことが出題された文の範囲から読み取れない、と判断されれば、いわゆる「正答」とは見なされない。これは不当に思えるかも知れないが、逆のことを考えてほしい。もし、正答の根拠が同じ本の別の部分にあると説明されたら、納得できないという方が多いのではないか。また、例えば武田砂鉄なら武田砂鉄の経歴や言論活動や政治的なスタンスにかかわることがらを問題化することは、特定の読者のみを優遇するという点でフェアではない、つまり「客観性と公平性」に欠ける、と判断されるわけである。

そもそもこの間の「読解力」論の迷走からもうかがえるように、試験を通して「文章を正しく読み取れているか」を測ることは、予想以上に困難なタスクである。では、現在の国語の一般的な試験問題ではどのような方策が採られているか、少していねいに考えてみよう。

まず、(1)切り出されたテクストの部分で展開されている思考(これが「作者」のそれではないことに注意)にひとまず内在的に向き合うことが求められる。その際、テクストに付された傍線や設問が、そうした理解の補助線となる場合が多い。次に、(2)一定の時間の制約の中で、問題文に記された情報を注意深く整理し、抽出する作業が要請される。その上で、(3)一定の解釈の幅を許容しながら、問題文から明らかに読み取れないことを除外できるか、特定の部分や問題文全体のコンテクストとの関係で、文意を逸脱しない翻訳ができるかが問題化される。だから、ここで求められているのは、唯一の正しい「解」ではない。問題として取り出された部分を、的外れでない表現で置き換えることができるかが重要なのだ。とくに選択肢問題にかんして、国語の試験問題は消去法だ、とよく言われるのは、一般的な試験問題が「正しく読み取れているか」を問うために、「文脈上許容されない読み方をしていないか」をチェックするという方略を選びとっているからだ。

このように考えれば、なぜ国語の試験問題が「注意力」(阿部公彦)の問題になりがちかを理解できる。国語の入試問題では問題文を読む必要はない、という「秘術」を語った清水義範の名作『国語入試問題必勝法』(講談社、一九八七年)が、先の(3)の要素を戯画的に誇張していたことも見えてくる。こうしたタイプの問題に慣れている生徒たちが、PISAのような試験と折りあいがよくないのも明らかだろう。ゲームのルールが異なっているからだ。

先掲の石川巧は、国語の試験問題も歴史的に変化しており、現在のそれだけが「正しい」ものではないこと、にもかかわらず試験対策がシステム化されることで、われわれは「素材としての言葉を加工、矯正していく技術」を「読む」ことだと取り違え、「入試問題を解くようにしか文章を読めなくなっている」のではないかと警鐘を鳴らした。しかし、それが無自覚に行われているなら「制度」であり「イデオロギー」だが、いま・ここで何がなされているか、何が・どのように問われているかを捉え返し、言語化することができれば、それをひとつの「文化」や「規則」として対象化することができる。確かに、現在の国語の試験問題は限定的な読解力を問うことしかできていない。だが、例えば大学での学修を考えれば、大量の書かれた文字情報を手際よく整理し、文章を自分の読みたいように読み過ぎない読み方を求めることは、一定の合理性があるだろう。それ以外のことばの力を重視するなら、小論文やＡＯ入試などで、別のタイプの問い方をすればよい。少なくともわたしはそう思う。

試験問題の作成には、相当の労力と時間がかかる。高校教員時代、試験の監督に出かけた際に苦労して作った定期試験や実力テストをわずかな時間ですいすいと解いていく生徒たちを見て、複雑な気分になったことをよく覚えている。新聞を「一日だけのベストセラー」と評することがあるが、国語に限らず、試験問題はある意味で、「一回限りの作品」と言える。署名を持たない、批判されることはあっても評価されることがほとんどない、しかしそれなりのプライドと願いを込めて作られる「作品」。いまこの瞬間も、どこかで誰かが、そんな「作品」を生み出そうと、机の前で呻吟しているはずである。

第7章　表現と検閲

「文学国語」への授業提案

1　授業のねらい

はい、それでは授業を始めましょう。ここからの授業のテーマは「表現と検閲」です。「検閲」ということば自体は、みなさんも聞いたことがありますよね。何やらおどろおどろしいというか、身が竦むような思いにさせられる、そんなイメージのことばです。

つい最近も、このことばを耳にする機会がありました。この間ニュースでも報じられていますが、香港では中国政府によって、民主化を主張する活動家たちへの弾圧が続いています。その中で、民主派に近いとされた新聞の創業者が逮捕される、というできごとがあった。その際、香港での言論・出版・表現の自由が危ぶまれているという文脈で、「検閲」ということばが使われました。

国外の話だけではありません。あとで詳しく説明しますが、現在の日本国憲法は、国家による検閲を禁止しています。にもかかわらず、二〇一九年の国際芸術祭「あいちトリエンナーレ」で、まさに「検閲」をテーマにした展示が問題となり、一部の作品の展示が一時中止に追いやられるという事件がありました。また、その際、日本政府が一度決定していた補助金を出さないことにした、というできごとが報じられました。その後、国内外からの批判の高まりを受けて、アーティストたちからすれば不本意なかたちではあるものの、展示自体は部分的に再開、政府も、最終的には補助金を減額した上で出すという判断をしたわけです。このときも、国や、トリエンナーレ実行委員長である愛知県知事が行ったことは実質的な「検閲」に当たるのではないか、という指摘が出ていました。

一方で、近年の日本社会では「ヘイトスピーチ」が問題になっています。基本的人権を守るため、ひとの心を壊すような聞くに耐えない差別や憎悪の表現を法的に規制すべきではないか、という立場から法律（ヘイトスピーチ解消法）が作られたことは、みなさんも知っていると思います。ですが、そうしたひどい表現を使いたい人々の方が、「表現の自由」を盾にして、自分たちの行為を正当化するというねじれた現象も起こっています。

他にもたくさんの例をあげられると思いますが、「表現と検閲」は、まさに現在進行形の問題です。一般論として「検閲はよくない」とは誰もが言える。けれども、具体的な事例に即して考えると、すぐに明確な答えを出すことが難しい問題でもある。さまざまな立場から時間をかけてじっくり考え、議論を重ねていかなければならない社会の重要な課題である、ということです。そこで、この授業では、みなさんがこれからこの問題について考えていくうえで参考になるだろう、ひとつの材料を提示したいと思います。

すぐに答えの出せない、どう考えてよいか手がかりがつかめない。そんな問題とぶつかったとき、みなさんならどうしますか。いまどきだと、とりあえずネットで検索してみる、でしょうか。友人や先輩に聞いたり、家族に聞いたりすることもあるかもしれない。いろいろな行き方があると思いますが、そんなとき、自分と同じような立場を経験したことがあるひとから話を聞ければ、よいヒントになりますよね。「歴史」とは、過去の人々の経験のアーカイブである。「歴史」は単なる知識ではなく、先人たちの体験を刻んだ知見として「使う」ことができるものでもあります。

というわけで、みなさんにはこれから、タイムマシンに乗って、日本において検閲が行われた時代に立ち戻ってもらいます。この国は、二〇世紀のある時期まで、あらゆる表現について厳しい「検閲」の仕組みが作られていました。この授業では、その時代のひとになったつもりで、「検閲」を意識した表現の現場に立ち会ってもらいます。「検閲」という行為が、表現者にどんな影響をもたらすのか。その「歴史」の事実を踏まえて考えると、表現と社会との関係はどのようにあるべきなのか。この授業を通じて、みなさん自身の考えを深めてもらえれば、と思っています。

2　日本近代文学と「検閲」

本題に入る前に、基本的な知識を押さえておきましょう。「検閲」とは、そもそもどのような行為なのか。

辞書の説明から確認します。『新明解国語辞典』（三省堂）には、次のように書いてありました。ちょっと読んでみましょうか。

けんえつ【検閲】─する（他サ）［人の書いたものなどについて］そのまま認めていいかどうかなどを調べること。［狭義では、社会の安寧・秩序を維持するために、国家機関が貨物・郵便物・出版物・映画フィルム・脚本などを調べることを指す。日本は憲法で、これを禁止］

難しいことばが出てきましたね。「安寧」とは、「社会の秩序が保たれ、平穏であること」を指す古い言い方です。つまり「検閲」には、広い意味と狭い意味がある。そのうち、狭い意味の方が一般的に考えられている「検閲」です。

さて、この辞書にも、現在の日本国憲法は検閲を禁止している、とある。では、せっかくですから、日本国憲法の条文も見ておきましょう。関連するのは、第二十一条です。

一　集会、結社及び言論・出版その他一切表現の自由は、これを保障する。
二　検閲は、これをしてはならない。通信の秘密は、これを侵してはならない。

この第二十一条は、いわゆる「基本的人権」の一つとして「表現の自由」「通信の秘密」を規定した条文です。「通信の秘密」は、わかりますよね。われわれがふだんやりとりしている手紙や電話、メールやSNSでのやりとりを、第三者が勝手にのぞき見てはならない、ということです。いわゆる「プライバシー」の根拠となる規定でもあります。

ですが、こうした規定は、敗戦後の日本国憲法ではじめて盛り込まれたものでした。それ以前の憲法＝大日本帝国憲法の時代は、日本では、原則としてすべての出版物が国家の検閲を受けなければならなかった。

ちょっと想像してみてください。論理的に考えれば、少なくとも日本が戦争で敗北する以前に発表され、当時から読まれていた文学作品は、基本的にすべて国家による検閲を通過した作品だ、ということになります。太宰治の『走れメロス』も、芥川龍之介の『羅生門』も、中島敦の『山月記』も夏目漱石の『こころ』も森鷗外の『舞姫』も、です。例外はありません。しかも、「検閲がある」ということは、いつもどこかでその存在を意識させられることを意味している。書き手たちの中で、「こういうことを書いたら検閲で問題になるのではないか？」という思いがよぎることもあったはずです。そう考えると、検閲のある時代に書かれたことばは、その著者が本当に書きたかった、伝えたかったことばなのかどうかは分からない、という可能性が浮上してくる。

また、わたしたちはつい「作者」と「読者」との関係だけに注目しがちですが、ことばを生み出す（生産する）仕事と、ことばを世の中に伝え広げる（流通させる）仕事とは、基本的に分けて考える必要があります。いくら著者がすばらしいアイデアを思いついても、それを本という形にし、商品として流通させる仕事を誰かが担ってくれないと、なかなか世の中には伝わっていかない。出版社や編集者という存在がすぐに思い浮かびますが、いわゆる「メディア」とは、そうした役割を担う仕事です。

実際問題、当時の検閲で処分を受けた場合、最悪の場合はその記事を含む本や雑誌全体の発売が禁止されたり、著者だけではなく編集者も起訴されたりするケースがあった。それは著者にとって、出版社にとって、精神的にも経済的にも大きなダメージとなります。

せっかく書いたもの、書いてもらったものが発売できない。それがどのぐらい辛いことか、想像するに余りある。しかし、むしろここで考えてほしいのは、経済的なダメージの方です。資本主義社会では、文学作品も、それを含んだ本や雑誌という形で商品として売り買いされます。発売が認められないということは、作った商品が売れないことを意味する。売ることができなければ、その商品を作るために出したおカネが戻ってこない。おカネが回収できなければ、当然ながら、出版社で働く人々、本を作るために働いた人々への給与が払えないことになりかねない。そうなったら会社は困るわけです。そこで、著者や出版社は、検閲でチェックされ、発売禁止になることを何とか避けようとした。じっさいにいろいろな駆け引きやテクニックが考えられています。

検閲する側とされる側の丁々発止の攻防は、掘り下げて行くとほんとうに面白いので、それだけで軽く一年間は授業ができてしまうほどです。もちろん、この時代の検閲はあくまで人間がやることなので、時期によって基準も変わります。厳しい時期もあるし、そうでないタイミングもある。どんなことがらが重点的にチェックされるかも異なっています。また、ここでは日本が戦争に負ける以前の検閲を例に話していますが、「検閲の禁止」を書き込んだはずの日本国憲法の時代にも、日本を占領していたＧＨＱによる検閲が継続していました。――このあたりの問題がもっと知りたい方は、ぜひ大学にいらしてください。これでもか、というぐらいじっくりとお話しします（笑）。

脱線はこのぐらいにして、話を本題に戻しましょう。つまり、著者も出版者も、検閲で処分を受けることはなるべく回避したかった。そこで、一つの防衛策が発明されます。それが「伏字」です。みなさんの学校の図書館には、戦前や戦争中に発行された本があるでしょうか。復刻版でも構わないので、もしあるなら、ぜひ手に取ってみてください。本文の一部が「○○○」「×××」といった記号に置き換えられているものと出会うことがあります。主に編集者がこれをするのですが、検閲で問題になりそうな箇所、検閲官がチェックするかも知れない箇所をあらかじめ予想して、事前にその部分を隠してしまう＝字を伏せてしまう。それで「伏字」と呼ぶわけです。

もちろんこれは、作品の表現にキズをつけることです。著者が懸命に考えた表現の一部を読めなくしてしまうことである。しかし、作品を不完全なものとしても、その記事を含む本や雑誌全体を読者に届けることはできる。少なくともそうした作品が存在している事実を、読者に伝えることはできる。そんなわけで、ほんとうはしたくないけれど、致し方なく行う――まさに「必要悪」として、伏字の作業が日常的に行われていたのが、敗戦前の表現の現場に他なりませんでした。

3 「検閲」を意識する

では、ここまでを前提として確認したうえで、いよいよみなさんに検閲を意識した作業の現場に立ち会ってもらおうと思います。配付した参考プリントを出してください。今回取り上げるのは、石川達三という作家が一九三八年に書いた、『生きている兵隊』という小説です。

この作品は、作者である石川が、一九三七年七月に始まった日中戦争で、実際に戦闘に参加した日本軍の兵士に取材して書いた小説です。現在は、石川達三と聞いても「誰？」という感じだと思いますが、このひとは、芥川賞の栄えある第一回の受賞作家です。彼は当時、貧しさゆえに日本からブラジルに「移民」する人々に取材した作品『蒼氓』（一九三五年）で、太宰治らを押さえて芥川賞に選ばれました。のちに「社会派」などと言われましたが、社会で問題となっている対象を取り上げ、取材と調査を重ねて小説を書く、というスタイルを得意としていた作家でした。『生きている兵隊』は、そんな彼に目を付けた雑誌『中央公論』が声をかけて、中国の戦場を取材させた成果として書かれた作品です。

　しかし、この小説は、日本にとっての戦争遂行の妨げになるとして、厳しい処分を受けてしまいます。石川と編集者は起訴され、執行猶予付きの有罪判決を受けることになってしまった。どうしてか。『生きている兵隊』の取材の過程で石川が、一九三七年一二月の南京での出来事にかかわった兵士たちから聞き取りを行い、それを小説にしたからです。小説自体に、いわゆる「南京事件」が直接描かれたわけではありません。しかし、作品のはしばしに、戦場で日本軍兵士が心を荒ませ、問題行為を重ねていくありようが書き込まれてしまった。

　戦場を描いた小説ですから、かなり生々しい表現も出てきます。ここから本文に触れていきます。この手の表現が苦手な人もいると思いますが、これも文学がたどった歴史の一ページですので、注意しながら読んでみてください。まずは、参考資料①から（この章の末尾に授業時に配布した参考資料を添付した）。

　こういう追撃戦ではどの部隊でも捕虜の始末に困るのであった。自分たちがこれから必死な戦闘にかかるというのに警備をしながら捕虜を連れて歩くわけには行かない。最も簡単に処置をつける方法は殺すことである。しかし一旦つれて来ると殺すのにも気骨が折れてならない。「捕虜は捕えたらその場で殺す」それは特に命令というわけではなかったが、大体そういう方針が上部から示された。

笠原伍長はこういう場合にあって、やはり勇敢にそれを実行した。彼は数珠つなぎにした十三人を片ぱしから順々に斬って行った。

彼等は正規兵の服装をつけていたが跣足であった。焼米を入れた細長い袋を背負い、青い木綿で造った綿入れの長い外套を着ていた。下士官らしく服装もやや整い靴をはいたのが二人あった。

飛行場のはずれにある小川の岸にこの十三人は連れて行かれて並ばせられた。そして笠原は刀こぼれのして斬れなくなった刀を引き抜くや否や第一の男の肩先きを深く斬り下げた。（『生きている兵隊』七）

ここは、『生きている兵隊』七章の場面です。現在この作品は中公文庫で読むことができるのですが、その文庫本には、最初の『中央公論』での発表時に伏字になっていた箇所に傍線が引かれています。参考資料①は、より分かりやすくするために、その傍線部分を二重の打ち消し線で示したものです。

ちょっと声に出して読んでみますね（教員による音読）。どういう部分が伏字になっているか、打ち消し線の部分に注意してください。日本軍が中国軍兵士の捕虜を殺害している、しかもかなり残酷な殺し方をしていると書いた部分が伏字にされていたことが分かります。これはしばしば議論される問題ですが、いわゆる戦時国際法では、戦争捕虜を人道的に取り扱うことが定められていました。日本軍としては、中国との戦争は宣戦布告を行った正式な戦争ではないから、これに従わずともよいというのが一応の建て前でした。しかし、作者である石川からこの小説の原稿を受け取った編集者は、捕虜にかかわる日本軍兵士の問題行動を描いた表現は検閲でチェックされると考えて、伏字の作業を行ったことが見えてきます。

では、続いて参考資料②を見てください。同じく『生きている兵隊』の、第六章の場面です。中国軍との激しい戦闘のあと、少しだけ休む時間ができた。そんなときに日本軍の兵士たちが何を考え、何をしていたかが書かれています。ここもわたし（教員）が読んでみます。

友軍はさらに敗残の兵を追うて常州に向い、西澤部隊は無錫にとどまって三日間の休養をとった。生き残っている兵が最も女を欲しがるのはこういう場合であった。彼等は大きな歩幅で街の中を歩きまわり、兎を追う犬のようになって女をさがし廻った。この無軌道な行為は北支の戦線にあっては厳重にとりしまられたが、ここまで来ては彼等の行動を束縛することは困難であった。

彼等は一人一人が帝王のように暴君のように誇らかな我儘な気持になっていた。そして街の中で目的を達し得ないときは遠く城外の民家までも出かけて行った。そのあたりにはまだ敗残兵がかくれていたり土民が武器を持っていたりする危険は充分にあったが、しかも兵たちは何の逡巡も躊躇も感じはしなかった。自分よりも強いものは世界中に居ないような気持であった。いうまでもなくこのような感情の上には道徳も法律も反省も人情も一切がその力を失っていた。そうして、兵は左の小指に銀の指環をはめて帰って来るのであった。

「どこから貰って来たんだい?」と戦友に訊ねられると、彼等は笑って答えるのであった。

「死んだ女房の形見だよ」(『生きている兵隊』六)

さて、ここからが作業の時間です。みなさんは、作者からこの小説の原稿を受け取った編集者です。石川からこの原稿を受け取って、確かにこの作品には力がある、世に出して読んでもらう価値がある、と思った。しかし、このままでは政府が認めないかも知れない。では、もしみなさんが編集者だったら、どこを、どの部分を「伏字」にしますか?　その部分を伏字にした理由も合わせて、考えてみてください。

グループワークでやってみましょう。同じグループのメンバーと話し合いながら、参考資料②の本文のどこを、どんな理由で「伏字」にするのか考え、その場所に打ち消しの二重線を引いてみてください。作業の時間は二〇分、終了後に各グループの検討結果を発表してもらいます。グループで誰が発表するかも決めておいてくださいね。いまスクリーンには、みなさんに配付したプリントの②と同じところを写しています。作業終了後、それぞれのグループが行った「伏字」の作業を記録して、共有したいと思っています。グループワークの最中には各グループの様子を聞きにまわりますので、質問があるときはそのときに声をかけてください。

はい、二〇分経ちました。作業の方はどうでしょうか。もう少し時間が欲しいというグループもあると思いますが、だいたいの方向性は出ていたようなので、発表のセッションに入ります。では、各グループの作業結果を教えてください。合わせて、「どうしてその部分を伏字にしたのか」という理由も教えてください。このスクリーン上に作業結果を反映させるので、発表者は少しゆっくり話してみてください（グループごとの作業報告とその記録を行う）。それぞれのグループでどんな違いが出てきたのか、お互いに確認してみてください。

さて、グループごとに作業の結果を聞いてきましたが、いろいろなパターンがでてきましたね。でも、どこをどんな理由で「伏字」とするのかという規準を考えて、その規準が他の部分に当てはまるか否かを検討することは、かなり難しい、責任の重大な作業であることは伝わったのではないかと思います。「伏字」の作業によってもとの文章は隠され、書かれた内容が読者に伝わらなくなってしまうわけですから。ここからさらに議論を深めたいのですが、その前に、実際に『生きている兵隊』の原稿を受け取った編集者がどんな作業をしたか、どの部分を伏字にしたかが記録に残っています。まずは、それを確認しましょう。スクリーンを見てください（以下の引用を映写する）。伏字部分をハッキリさせるために、ここでは二重線ではなく、「×」で示します。

友軍はさらに敗残の兵を追うて常州に向い、西澤部隊は無錫にとどまって三日間の休養をとった。生き残っている兵が最も×××××のはこういう場合であった。彼等は大きな歩幅で街の中を歩きまわり、×××××××××××××××廻った。この×××××は北支の戦線にあっては×××××××××××、ここまで来ては××××××××××ことは困難であった。

彼等は一人一人が×××××××××ように誇らかな我儘な気持になっていた。そして×××××××××××ときは遠く城外の××××出かけて行った。そのあたりにはまだ敗残兵がかくれていたり土民が武器を持っていたりする危険は充分にあったが、しかも兵たちは何の逡巡も躊躇も感じはしなかった。自分よりも強いものは世界中に居ないような気持であった。いうまでもなくこのような感情の上には×××××××××××××××失っていた。そうして、兵は××××××××××××××××来るのであった。

「××××××××来たんだい？」と戦友に訊ねられると、彼等は笑って答えるのであった。

「×××××××だよ」

こんな感じです。各グループの作業結果と比べてみてください。みなさんはこれを見て、どんな感想を持ちましたか。

一目で分かる通り、作品の表現はズタズタです。いったい何が書かれていたか、ほとんど分からない部分もある。もちろん伏字にされているわけですから、何か不穏なことが書かれていたらしいことは伝わってくる。しかし、単語や語句だけでなく、節や文のほとんどを隠している部分もあるので、もはや作者が何を書こうとしたのかもよくわからない。

当時の編集者は、なぜこうした判断を行ったのか。改めて読み直すと、この場面は、中国で戦争を戦っている日本軍兵士の中に、戦時性暴力、戦争の中でのいわゆるレイプを犯した者たちがいたことを示すものとなっています。日本軍の兵士たちの中には、日常の道徳や倫理のタガが外れてしまって、ひととしてやってよいこととやってはならないことの区別、基準がなくなってしまった者たちがいた。引用文の最後は、レイプを犯したあと、その女性を殺害したことをうかがわせる記述になっています。

さて、いま当時の編集者の作業と、みなさんがグループで行った作業の結果を比べてみました。注意してほしいのは、この比較はいわゆる「答え合わせ」ではない、ということです。あくまでこれは、『生きている兵隊』の原稿を受け取った編集者が、どこが検閲で問題になりそうかを自分なりに考え、作業したものにすぎない。そもそも編集者は検閲官ではないので、本質的にこの作業には「正解」はありません。事実、これだけの伏字を行ってなお、『生きている兵隊』は処分されたわけです。

しかし、さきほどスクリーンでこの伏字の多い画面を見てもらった際、みなさんの心の中で「あ、合っていた」「全然違っていた」という気持ちが少しでも思い浮かんでいたとしたら、ちょっと考えてほしいことがあります。みなさんのグループが、当時の編集者と同じように表現を伏字にできたということは、いったい何を意味しているのか。わたしたちはこの作業を通じて、いったい何をしてしまったのか。

論理的に考えてみましょう。さきほどの画面と同じような伏字の作業ができたということは、みなさんが一九三八年当時の、検閲がある時代の編集者の発想に近づけたことを意味している。当時の検閲官ならこういう部分を「×」にするだろうな、と想像しながら伏字の作業を行った編集者の立場で考えることができた、ということです。すなわちそれは、当時の編集者たちと同じく、自分の中に「内なる検閲官」を作り育て、その「内なる検閲官」の目線で表現を見る視点を持ってしまったことを意味している。

今回のグループワークで大事なことは、「結果」ではありません。何か「正解」があって、それを見つけ出すこと、「解決」することが目的ではない。重要なのは「プロセス」です。表現を伏字にするという作業が、検閲を意識しながら表現をチェックするという作業が、わたしたちの中に「検閲官の考えを推し量るもう一人の自分」を作っていくことだ、ということ。わたしとしては、まさにそれを実感してもらいたかった。いまみなさんの中に、大なり小なり「内なる検閲官」が育ってしまったわけです。

4 「文学」の役割

この作業から見えてきたことについて、さらに立ち入って考えてみましょう。今回の作業を手がかりに、みなさんに感じてほしいこと、考えてほしいことが二つあります。

まず第一に、「検閲によって権力は、人々に何を伝え、何を伝えないかをコントロールできる」ということです。さきに紹介した通り、『生きている兵隊』は、一九三八年当時は発表を許されなかった作品です。この小説を多くのひとが手にできたのは、日本が戦争に敗北したあと、一九四五年一二月になってからでした。

興味深いことに、作者・石川達三は、必ずしも日本の戦争に反対していたわけではなかった、と後に証言しています。しかし彼は、戦場の兵士たちの実態を日本の読者に伝えようと、戦場を生き抜いた兵士たちに取材を重ね、戦争の中で人間は変わってしまうこと、日本軍の兵士たちとてその例外ではないことを書いた。しかし、そうした作品の発表が許されなかった結果、戦争の時代の人々は、戦場での人間の変質、戦場で振るわれた暴力の内実を知ることができなくなってしまった。検閲によって、当時の人々は、いわば消毒され、漂白された戦争の様子しか知らされなかった、ということです。しばしば言われるように、二〇世紀の戦争は、「国民」の支持なしには戦えない。確かに過去の日本の戦争も、当時の人々が積極的に「参加」したことで長期化しました。しかし、その「支持」と「参加」が、どのような状況の中で行われたかも重要です。われわれは、メディアを通じて伝えられる情報をもとに考え、判断を下します。問題は、その情報が何らかの権力によってコントロールされていた場合、われわれの行う選択や判断が公正で適切なものと言えるか、ということです。

もうひとつは、「検閲」を意識した瞬間に、わたしたちの心のはたらきが被る変化です。さきほどの作業を振り返る中で、表現をカットする、伏字にすることは、みなさんの心の中に「内なる検閲官」を作ることだ、と言いました。もう少し詳しく言えば、そのときみなさんは、戦争を行う政府にとって都合の悪い部分はどこだろうかと、政府の立場に立って、その基準で表現を見直し、吟味し、どう解釈できるかを考えた。つまり、国家権力の代理人である検閲官の気持ちを自ら進んで想像して、その作業を行った——。これは、どこかで聞いたことがあることばで表現できる構図だと思います。そう、まさに「忖度」の構図です。

さらに、この伏字の作業が恐ろしいのは、「正解」が見えない、ということです。検閲官は他人ですから、最終的にどう判断されるかは誰にもわからない。さきほど申しあげた通り、作者や出版社にとって、本や雑誌が出せないことは経済的なダメージに直結します。もっと具体的に言えば、関係する人々の生活を直撃する。作家には原稿料や印税の問題として、編集者には給料の問題としてはねかえってくる。そうなれば、自分ひとりだけの問題では収まらない。家族、仲間、ひいては会社の関係者全体の迷惑につながってしまう。それが怖いから、自分から表現をどしどし厳しくチェックするようになる。ああでもない、こうでもない、ああも読めるこうも読めると考えるほど、伏字の箇所は増えていく。さらに進めば、どうせ書けないことを考えても仕方がない、と考えること自体をやめてしまうかもしれない。こうやって、自分から想像力を萎縮させていく。

でも、作者や出版社がそう考えてくれるのは、誰にとって都合がよいことなのか。明らかに政府ですよね。権力の立場からすれば、表現にかかわる人たちを直接的に弾圧するのは、時間もコストもかかります。暴力を振るわれた側は、そのことを良く覚えているものです。権力者たちからすれば、未来の手強い抵抗者を生むかも知れない強権的な弾圧は、支配の方法としてあまり賢いやり方ではないわけです。でも、一度「忖度」の構造を作っておけば、表現する側、メディアの側が進んで、自分たちの表現を「自主規制」してくれる。検閲される側が、自分たち自身で、表現の幅、想像力の幅を狭めてしまう。検閲の本当の恐ろしさは、まさにここにあるわけです。

ここまで、検閲が国家権力によって行われていた時代の作品を例にお話をしてきました。ですが、授業の最初で述べたように、検閲が憲法で禁止されている現在でも、しばしば検閲と表現の自由との関係が問題になります。そのことについて、参考資料③に示した、メディア研究者の林香里さんの文章を紹介させてください。

ここで林さんは、次のようにおっしゃっています。たしかに現在の日本の憲法では、国家による検閲は禁止されている。しかし人間は、自分の中で「伝統的因習や経済的利害、社会的な体面やステレオタイプ」のような「検閲機構」を、自分の中に作ってしまっている。だからわれわれはしばしば、自分の意見をホンネとタテマエとに分けてしまったり、お座なりの、誰かに与えられた表現で自分自身を納得させてしまったりする。そのように議論を進めたうえで、林さんは、ひとつの問題を提起します。現在のマスメディアは、われわれが「自分で自分を検閲する」作業に手を貸してしまっているのではないか、と。参考資料③の該当部分を読んでみます。

このような埋め込まれた「内なる検閲」は、一方で人間の宿命であるとはいえ、そこから脱することをあきらめるのも早計だろう。現代社会で「言論・表現の自由」の行使を単なるユートピアに終わらせないためにも、陳腐なステレオタイプを克服し、想像力や知識を最大限引き伸ばすような自由な創造的空間を社会で確保することは決定的に重要である。伝統的因習や経済的利害、社会的な体面やステレオタイプに囚われず、自由な立場から発言でき、討論ができるような「開放空間」は、「言論・表現の自由」を保障する際に整備しなくてはならない社会のインフラストラクチャーなのである。そして、このインフラストラクチャーは社会の人すべてが利用できなければならない。

（林香里『〈オンナ・コドモ〉のジャーナリズム』岩波書店、二〇一一年）

では、メディアはどのようにあるべきなのか。いまの引用文の中に示されていた林さんの主張は、以下の二つです。まず第一に、（1）「陳腐なステレオタイプを克服し、想像力や知識を最大限引き伸ばすような自由な創造的空間を社会で確保すること」。第二に、「伝統的因習や経済的利害、社会的な体面やステレオタイプに囚われず、自由な立場から発言でき、討論ができるような「開放空間」を「社会のインフラストラクチャー」として整備すること。

「インフラストラクチャー」ということばはぜひ覚えておきましょう。われわれの現在の生活を支える基盤となる施設や設備、たとえば上下水道、ガス、電気、道路、鉄道などの全体を指すことばです。つまりマスメディアは、われわれがよりよい社会生活を送るための土台として、より開かれたものになるべき、という主張です。

どうでしょう。確かに、「言うは易く、行うは難し」ということわざが思い浮かぶ主張ではある。また、ではだからといって、あらゆる表現が認められてよいとなってしまうと、やはり最初に触れたヘイトスピーチのような表現を認めることになりかねない。国家による検閲は認められない、それはひとまず合意できるとしても、どんな表現でも認めてよいかと言えば、そんなことはない。では、もし表現に線を引くとして、誰が、どんな基準で、どのように行うのか。

ここからはわたしの考えですが、こうした難しい問いに対して、すぐれた文学のことばは重要なヒントを与えてくれるように思います。最後に、作家の温又柔さんが書いた文章の一部を引用します（参考資料④）。温さんは台湾で生まれ、三歳のときに日本に移住、現在は日本語で書く作家として活躍されている方です。

力を行使するものにとって不都合な事実の数々を、文学は掬いあげる。〔略〕文学が証明しようのない複数の真実に光を照らすものである限り、わたしもまた文学なしではいられない。
（温又柔『台湾生まれ、日本語育ち』白水Uブックス、二〇一八年）

「文学は何の役に立つのか」という答えの一つがここにある。少なくともわたしはそう思います。文学のことばが「掬いあげる」のは、「力を行使するものにとって不都合な事実」である。記録に残らない、あるいは意図的に誰かが記録を残さなかった、そんなできごとの中で人々がさまざまな苦しみ、悲しみ、怒りへと投げ出されてしまうことはこれまでも多くあったし、残念ながら、たぶんこれからもなくならない。もちろん、「歴史」という学問からそれらにアプローチすることは重要です。あるいは「法」を武器に立ち向かうこともできるでしょう。しかし、証拠のない、資料のない、究極的には人間の記憶や想像力からしかたどることのできないできごとが確かにあったということを、人々に対して訴えかけていく力が文学にはある。おそらくそれが、「証明しようのない複数の真実に光を照らす」という一節の意味なのだと思います。そして、その意味でわたしも、「文学なしではいられない」という温さんのことばをくり返したい。

「力を行使するもの」によって与えられた枠組みではなく、より囚われない目で、耳で、感覚でこの世界と向き合い、先入観や偏見というメガネを外したうえで、人々のさまざまな「真実」に出会うための訓練として、文学は大いに役に立つ。ひとまずこれを、この授業を準備する中で考えたわたしの意見として伝えたいと思います。

それでは、「表現と検閲」の授業はここまでとしましょう。ありがとうございました。

［付記］

章題で示した通り、本章は科目「文学国語」での授業実践に向けての提案である。配当時間は五〇分の授業で三～四時間程度を想定した。戦前・戦時期の日本内地で行われていた内務省検閲の時代の表現の現場をシミュレーションすることで、文学をふくむことばが、つねに同時代の政治や社会からのさまざまな力に干渉されながら生み出されていること、文学作品の読み方の表現としての「解釈」もことばの生産である以上、われわれは原理的に自由に（好きなように）読んだり書いたりなどできないことを意識してもらうことをねらいとした。

ここで示した内容の一部は、二〇二〇年度の早稲田大学高等学院でのオムニバス授業「文学⁉」で、一〇〇分（五〇分×二コマ）の枠で実際に授業を行った。また、本授業のねらいと内容については、同じく二〇二〇年度の早稲田大学大学院教育学研究科での講義「国文学特論12「文学国語」への挑戦」の受講者と議論したことも申し添えておく。授業に参加してくれた生徒・学生諸君、早稲田大学高等学院の榎本隆之先生に、あらためて感謝したい。

高校国語科の新科目「文学国語」「論理国語」の科目内容について、「文学国語とは〇〇だ」「論理国語とは××だ」と狭く限定する必要はない、とわたしは考えている。第6章で書いた内容をくり返せば、高校国語科は「論理」と「文学」とが交差する領域、人文学的な知や物語的な想像力を批判的に検証する内容を積極的に取り上げていくべきである。その立場から、ここでは、従来の教材読解型とは異なるスタイルで、科目「文学国語」の可能性を押し拡げるようなパイロット・プログラムを提案することを目指した。

着想に当たってヒントになったのは、和田敦彦「読書を調べる、教える——国語教育の新しい地平へ——」（『国語科教育』二〇一九年三月）の議論である。この論考で和田は、新学習指導要領に批判的な立場から、科目「文学国語」で想定される「読むこと」の捉え方が「文学の解釈、鑑賞という狭い枠の中で閉ざ」されてしまうことに危惧を表明し、「中等教育の国語科において読書の意義や効用を無条件に信頼するのではなく、またそれを自明、不変のものとして不問とするのでもなく、むしろ読書のいろいろな制約や限界を意識し、学んでいくことが必要ではないか、と論じている。

そのうえで和田は、「そうした学びへの恰好の素材」として、国立国会図書館デジタルコレクションで公開されている検閲資料の重要性を指摘する。本章でも示唆した通り、検閲とは、ある種の読解と解釈の現場である。そこでは、どんな立場でそのことばを読むのか、その表現にはどんな解釈を許容する余地があるのか、その表現を流通させることでどんな影響が生じうるかがつぶさに検討される。そして、著者や編集者は、検閲官がそのような作業を行うだろうことを見越して、自己自身の意識を検閲する側とされる側とに分離＝分割させながら、表現の可能な幅、境界線を推し量ろうとする。いってみれば、検閲とは、検閲する側とされる側との想像力がぶつかりあう争闘の現場なのである。この提案で検閲官ではなく編集者の存在に焦点を当てたのは、著者のことばを託されているという著者に対する責任、メディア・ジャーナリズムの担い手としての読者に対する責任、検閲官に対する顧慮と企業に雇用された一労働者としての立場という複数の力関係の中で迷いながらことばを読む、という行為者性（エージェンシー）に注目してほしかったからに他ならない。

もちろん、これは一つのささやかな提案に過ぎない。わたし自身、この内容がベストとはまったく考えていない。高校の教室で『生きている兵隊』の本文に触れさせるのは過激に過ぎるという批判はありうると思うし、同じような実践をするにしても、もっと適切な素材があるかも知れない。しかし、ここでわたしが言いたいことは、新科目「文学国語」について、近代文学研究者はどんどん授業のパッケージを提案できるのではないか、ということだ。「文学国語」という「器」は作られたけれど、そこにどんな「魂」を入れるかは、いまだ手探りという段階だろう。幸か不幸か、新型コロナウイルスによる大学のオンライン授業化によって、わたし自身をふくめ、オンデマンド形式の授業を作るノウハウを得てしまった。この蓄積を活かさない手はないのであって、導入の場面、問いを提議する場面、教材文から発展的な内容へと拡げていく場面などに関して二〇分ぐらいのコンテンツを用意し、ワンポイント・リリーフのようなかたちで高校の教室で活用してもらうことはじゅうぶんに可能だろう。

　日本文学研究に限らず、人文学研究のアウトリーチ活動を真剣に考えたいのなら、科目「文学国語」は、その重要な入口となる可能性を潜在させている。そこから、研究者と高校国語科教員との新たな対話と協働の場を開いていくこともできるはずである。

［授業での配付資料］「表現と検閲」

【資料①】石川達三『生きている兵隊』（『中央公論』一九三八年三月号＝発売禁止）

　こういう追撃戦ではどの部隊でも捕虜の始末に困るのであった。自分たちがこれから必死な戦闘にかかるというのに警備をしながら捕虜を連れて歩くわけには行かない。最も簡単に処置をつける方法は殺すことである。しかし一旦つれて来ると殺すのにも気骨が折れてならない。「捕虜は捕えたらその場で殺せ」それは特に命令というわけではなかったが、大体そういう方針が上部から示された。

笠原伍長はこういう場合にあって、やはり勇敢にそれを実行した。彼は数珠つなぎにした十三人を片ぱしから順々に斬って行った。

彼等は正規兵の服装をつけていたが跣足であった。焼米を入れた細長い袋を背負い、青い木綿で造った綿入れの長い外套を着ていた。下士官らしく服装もやや整い靴をはいたのが二人あった。

飛行場のはずれにある小川の岸にこの十三人は連れて行かれて並ばせられた。そして笠原は刀こぼれのして斬れなくなった刀を引き抜くや否や第一の男の肩先きを深く斬り下げた。（七）

【資料②】石川達三『生きている兵隊』（『中央公論』一九三八年三月号＝発売禁止）

友軍はさらに敗残の兵を追うて常州に向い、西澤部隊は無錫にとどまって三日間の休養をとった。生き残っている兵が最も女を欲しがるのはこういう場合であった。彼等は大きな歩幅で街の中を歩きまわり、兎を追う犬のようになって女をさがし廻った。この無軌道な行為は北支の戦線にあっては厳重にとりしまられたが、ここまで来ては彼等の行動を束縛することは困難であった。

彼等は一人一人が帝王のように誇らかな我儘な気持になっていた。そして街の中で目的を達し得ないときは遠く城外の民家までも出かけて行った。そのあたりにはまだ敗残兵がかくれていたり土民が武器を持っていたりする危険は充分にあったが、しかも兵たちは何の逡巡も躊躇も感じはしなかった。自分よりも強いものは世界中に居ないような気持であった。いうまでもなくこのような感情の上には道徳も法律も反省も人情も一切がその力を失っていた。そうして、兵は左の小指に銀の指環をはめて帰って来るのであった。

「どこから貰って来たんだい?」と戦友に訊ねられると、彼等は笑って答えるのであった。

「死んだ女房の形見だよ」(六)

【資料③】林香里『〈オンナ・コドモ〉のジャーナリズム』(岩波書店、二〇一一年)

個人は、自らが生きる生活条件の範囲でものを考え、毎日同じ情報源から情報を得て、世界を理解し、言葉を発している。人間とは環境によって半ば強制的に表現の可能性を限定され、自らの内部に規範や習慣、伝統と呼ばれる検閲機構を埋め込んでいる。「言論・表現の自由」という権利の教科書的理解においては、検閲こそはまさに忌むべきものと謳われているはずなのに、しかも現代の社会は自由だと言われているはずであるのに、実際のところは、人間は自分の意見を状況に合わせて本音と建前に分けてしまったり、意識しなくてもどこかで聞き覚えのあるような、凡庸で陳腐な言葉でものごとを理解した気分になってしまったりする。――こうした類の、誰からも強制されていないにもかかわらず、自分で自分を知らないうちに「検閲」するという経験は、誰しも身に覚えがあるのではないだろうか。現代人が言いたいことを言えない、考えを表現できないという行き場のない不満は、目の前に立ち現れる世界の姿と自分がもつ表現能力との距離感から生まれることが多い。そして、そのことについて一概に個人的な努力(あるいは勇気)不足だとして問題を片づけてしまうことは不適切であろう。

通常、こうした表現活動の抑制は個人的なもので、「検閲」とは意識されない。しかし、マスメディアが私たちの言論・表現の世界に大きな影響力をもち、人々の言論・表現の正当性や妥当性を承認している現実を考えれば、これもまた、マスメディアによる人間の表現力への「検閲」と言えるのではないか。

このような埋め込まれた「内なる検閲」は、一方で人間の宿命であるとはいえ、そこから脱することをあきらめるのも早計だろう。現代社会で「言論・表現の自由」の行使を単なるユートピアに終わらせないためにも、陳腐なステレオタイプを克服し、想像力や知識を最大限引き伸ばすような自由な創造的空間を社会で確保することは決定的に重要である。伝統的因習や経済的利害、社会的な体面やステレオタイプに囚われず、自由な立場から発言でき、討論ができるような「開放空間」は、「言論・表現の自由」を保障する際に整備しなくてはならない社会のインフラストラクチャーなのである。そして、このインフラストラクチャーは社会の人すべてが利用できなければならない。

【資料④】温又柔『台湾生まれ、日本語育ち』（白水Uブックス、二〇一八年）

ある時期までのわたしにとって、日本語とは、日本の学校で日本人とともに教わった「国語」そのものだった。「国語」からこぼれ落ちるものを、わたしは日本語として認めようとしなかった。いつも身近にあった中国語と台湾語の響きを自分の文章の中に織り込もうと決めたとき、ようやくわたしのニホンゴは「国語」の呪縛から解き放たれたのだと思う。

力を行使するものにとって不都合な事実の数々を、文学は掬いあげる。呂赫若（植民地時代の台湾に生まれ、日本語で執筆した台湾人作家。引用者注）の歩みが示すように文学が証明しようのない複数の真実に光を照らすものである限り、わたしもまた文学なしではいられない。

呂が生まれた百年後の日本で書く台湾人の一人として、これからは、自分とほぼ等身大の人物だけでなく、両親、祖父母、曾祖父母の代までも遡って、台湾人の来歴を包括する東アジアの近現代史を視野に入れた小説を書きたい。ささやかな野心をつのらせながら、自分がこれから書き継ぐニホンゴには、わたしにつらなるまでの台湾人たちの「母語」が織り込まれていくと確信している。

あとがき

授業時間の残りがわずかになり、少し前から明らかにそわそわし始めていた教室の緊張した空気が、チャイムの音とともに一気にほぐれていく。どうにか予定していた部分までたどり着いたことにひとまず胸を撫でおろしながら、次回の予告を早口で言い置いて、教室の気まぐれなオーディエンスたちに授業の終わりを告げる。教卓の上に散らばった七つ道具をおもむろに片付け、ノートを片手に近づいてくる生徒たちがいないことを確かめたうえで、突如として生気を取りもどしたかのような喧騒が響く教室をあとにする。廊下を歩きながら、教室の生徒たちの戸惑ったような応答や、まるで宇宙人のことばを聞いているかのような表情を思い出し、質問の仕方はもっと工夫できたかもしれない、別のクラスでは異なる組み立てでやってみようという反省ばかりが脳裏をよぎる。だが、この授業はうまくいった、盛り上がったと感じたクラスの理解がいちばん覚束なかったこともあったはずだと思い直しながら、教員室のトビラを開けて、ふう、と大きく一息をつく。少しの間、書類と書物が山と積まれた自席の前で何をするでもなくぼんやり時を過ごしていると、もういつの間にか、次の授業時間の開始を告げる予鈴が近づいてくる――。

「はじめに」でも述べたが、年度で言うと二〇一九年度末に日本列島でも本格化した新型コロナウイルスのパンデミックは、学校の授業から「教室」という場を奪うことになった。秋になって、わたしの担当科目でも一部で対面の授業を再開したが、かつてと同じような「教室」は戻って来ていない。この状況がいつまで続くのか、ほんとうには誰も見通すことができないというのが実情だろう。

しかし、改めて思うのは、パンデミックが落ち着いた後も、オンラインでの授業は間違いなく一定の役割を担うことになるだろうということだ。反復演習のしやすさやフィードバックが確実に受け取れるという点で、教育効果だけで考えるなら、オンライン授業の方が優れている一面があるのかもしれない。だが、うまく言語化こそできないものの、教室でしかできないことがあるという感覚は、国語科に限らず、多くの教員が共有しているのではないか。

「教室での一斉授業か個別的な学習か」という問いの立て方が適切ではないように、「対面かオンラインか」もどちらかを選ばねばならない問いではない。問題は、教室とオンラインで、どのように役割を分担していくか、ということだ。オンライン授業には「廊下」と「余白」が欠けているというのは植田将暉さんの名言だが（「オンライン授業で消えた大学の「余白」　日常の何気ない会話が大切だった」早稲田ウイークリーウェブサイト、二〇二〇年六月一一日、https://www.waseda.jp/inst/weekly/news/2020/06/11/75525/)、では学校において「廊下」と「余白」がどんな価値を持っていたのかは、腰を据えて考える必要があることだと思う。また、第2章でも見たように、オンライン授業は確かに有用だけれど、個人の個別的な学習まで学校が包摂することで、これまで以上に教育の「学校化」を推進してしまうことにも注意が必要だ。

本書で何度か指摘したように、これまでの高校国語は、他者のことばとしてのテクストをめぐって、教室の他者とともに考えることを重視してきた。そうした実践の蓄積を、オンライン環境でも活かすことができるのか。これまでの知見を大切にしながら、オンライン環境だからできることとして、どんなことが考えられるのか。その他にも、本書の中では検討できなかったが、日本語を第一言語としない生徒たちや、多様なルーツや背景を持った生徒たちにとって、これまでの高校国語がどんな時間だったかを反省する機会も欠かせない。川口隆行は、そうした児童・生徒たちのことを念頭に、「教師は、日本語という他者の言語を学ぶ手助けをしながら」、彼ら彼女らが「「戦略的同化」によって身につけた日本語・日本文化のリテラシーを内在的に批判、解体する力」を奪わないだけの姿勢と方法が必要だ、と訴えている(「国語教育と日本語教育」、紅野謙介編『どうする?どうなる?これからの「国語」教育』幻戯書房、二〇一九年)。これまでの高校国語は、そうした真摯な知的営為につながる知見を準備できていただろうか。教科「国語科」という名称の問題もふくめ、これからの教室のありようを考えることは、わたしにとっても重たい宿題になるのだと思う。

本書の初出一覧は以下の通りである。既発表の論文・報告にもとづく部分には、いずれも大幅な加筆・修正を行っている。

はじめに　本書のための書き下ろし
第1章　「高等学校国語科が大きく変えられようとしています」（1〜11、https://note.com/ngomibuchi/n/n172700fda5a、二〇一八年八月）
第2章　「未来は誰のものか？　新しい国語科の理念と現実」（『現代思想』二〇一九年五月）
第3章　「思想としての〈課題図書〉」（『教育・研究』二〇〇八年三月）。
第4章　「『こころ』を読む困難　テクストとしての教材本文」（『大妻国文』二〇一六年三月）
第5章　本書のための書き下ろし
第6章　「文学の貧困　「文学国語」を脱構築する」（『現代思想』二〇二〇年四月）
第7章　「文学国語を使用／止揚する」（二〇二〇年度日本近代文学会東海支部シンポジウム「「文学国語」を使い倒す」での口頭発表、二〇二一年一月二四日）
コラム　本書のための書き下ろし

こうして「あとがき」を書いている現在も、自分が高校国語にかんする本の著者となりつつあることに、現実感を持てずにいるところがある。教員としてのキャリアを高等学校で始めたことは事実だが、内部進学者の多い大学の附属高校という比較的恵まれた環境だったので、同僚教員にそそのかされたり、逆にこちらからけしかけたりして、一年間ずっと泉鏡花の小説を読んだり、谷崎潤一郎『卍』について議論したりと、ずいぶん好き勝手なことをさせてもらったという負い目があるだけだ。その後異動した大妻女子大学では、自分のキャリアをわずかな元手に教職課程の授業を担当したが、「親があっても、子が育つ」という坂口安吾の名言がじつに適切なものであることを実感し続けていた。だが、少なくとも教育実習で実習先の生徒たちや教員に迷惑をかけるわけにはいかないと、学生たちと授業について考えていく中で、自分にとっての「国語の時間」のイメージができあがってきたことは確かだと思う。なぜ毎日、教室のトビラを開けることが少し怖かったのか。にもかかわらず、なぜ教室でテクストを生徒たちと考えることが楽しかったのか。逆に自分は、教室のどんなところが見えていなかったのか。拙いながら、現在の高校国語の難しさと面白さを自分なりに考えていたところだった。

そんな中、二〇一八年七月に発表された高校国語新学習指導要領『解説』は、わたしが大事にしたいと考えてきた「国語の時間」の価値を真っ向から否定するものに感じられた。とにかく言いたいことだけは言っておかねばと note のアカウントを作り、字数制限がないのをよいことに長々と批判を書いたところ、思いの他多くの反響をいただいた。もう二〇年近くになる筑摩書房の高校国語教科書編集の場で、紅野謙介さん、安藤宏さん、清水良典さんほか、問題意識を同じくする先輩諸氏や、教科書とはどうあるべきかについて熱心に語りあう編集委員の先生方、編集部のスタッフの方々と協働できたことも大きかった。二〇一八年夏以降、「高大接続改革」と「新しい国語科」に対する問題提起を続けて行く中で、同じ問題関心を共有する多くの方たちと接点を持てたことも幸いだった。二〇一九年からの現在の職場では、現職の教員をふくむ熱心な学生たちと、自らの専門性と教育現場とのつながり／かかわりをつねに考えておられる同僚の先生方から、多くの刺激をいただいている。その他、いちいちお名前は挙げないが、本書の内容は、高校国語にかんして、教室で、会議室で、考える時間をともにしてくださった生徒たち、学生たち、さまざまな校種の先生方から学んだ成果としてある。答案の出来ぐあいについては、読者のみなさんに忌憚のない採点をお願いしたい。

最後に。どちらかといえば調子に乗りがちなわたしに、高校国語の本を書いてはどうかとけしかけてくださったのは、青土社の村上瑠梨子さんと前田理沙さんだった。村上さんには、定点観測的に毎年愛読していた『現代思想』教育特集に執筆する機会をいただいた。オンライン授業の準備とフォローアップに四苦八苦する中、本書の執筆もなかなか進まなかったが、前田さんと話をすると、なぜか鬱々と行き詰まっていた心持ちが前向きになってしまうのだった。本書の伴走者であり、最初の読者として、ぐずぐずしている書き手の背中をそっと押してくださった前田さんに、改めて心からのお礼を申し上げたいと思う。

それではみなさん、いつかまた、どこかの教室でお会いしましょう。

二〇二一年一月三〇日

五味渕　典嗣

注

はじめに

＊1　高原和政、五味渕典嗣、大高知児「街鉄の技手はなぜこの手記を書いたか――〈教室〉から読む『坊っちゃん』」（『漱石研究』一九九九年一〇月）。

＊2　阿部公彦『史上最悪の英語政策　ウソだらけの「4技能」看板』（ひつじ書房、二〇一七年）、鳥飼玖美子『英語教育の危機』（ちくま新書、二〇一八年）、南風原朝和編『検証　迷走する英語入試　スピーキング導入と民間委託』（岩波ブックレット、二〇一八年）ほか。

＊3　公益社団法人日本文藝家協会「高校・大学「国語」改革についての声明」（二〇一九年一月二四日、http://www.bungeika.or.jp/pdf/20190126.pdf）。

＊4　「「高等学校国語・新学習指導要領」に関する見解」（二〇一九年八月一〇日）。参加学会は、古代文学会、西行学会、上代文学会、昭和文学会、全国大学国語国文学会、中古文学会、中世文学会、日本歌謡学会、日本近世文学会、日本近代文学会、日本社会文学会、日本文学協会、萬葉学会、美生君志会、和歌文学会、和漢比較文学会の一六学会（五十音順）。「見解」本文は、各学会のウェブサイト等で公表されている。

＊5　日本学術会議言語・文学委員会古典文化と言語分科会「高校国語教育の改善に向けて」（二〇二〇年六月三〇日、http://www.scj.go.jp/ja/info/kohyo/pdf/kohyo-24-t290-7.pdf）。

＊6　「新しい国語科」関連のイベントとしては、文学通信の公式サイトで、「これからの国語科の話をしよう！――紅野謙介『国語教育の危機』（ちくま新書）を手がかりに――」（二〇一九年一月一三日、大妻女子大学）の録画（https://www.youtube.com/watch?v=0wOGOdiGvlo）、同じく日本大学国文学会のサイトで「「国語」

の現在、「国語」のゆくえ——どうなる国語科？・どうする教育！」（二〇一九年二月二三日、日本大学文理学部）の録画（https://www.youtube.com/watch?v=yTqbndyNRa4）が公開されている。

＊7　柴山発言とその後の経緯については、鳥飼玖美子『10代と語る英語教育　民間試験導入延期までの道のり』（ちくまプリマー新書、二〇二〇年）で詳しい経緯が紹介されている。

＊8　この点については、竹村信治の以下の議論が参考になった。竹村「何を読むのか——教科書の中の古典「文学」」（『日本文学』二〇一四年一月）、竹村「研究者が国語教育を考えるということ——「言説の資源」をめぐる」（『リポート笠間』二〇一四年一一月）。

第1章

＊1　伊藤氏貴「高校国語から「文学」が消える」（『文藝春秋』二〇一八年一一月）。

＊2　阿部公彦、沼野充義、納富信留、大西克也、安藤宏『ことばの危機　大学入試改革・教育政策を問う』（集英社新書、二〇二〇年六月）。

＊3　吉見俊哉『「文系学部廃止」の衝撃』（集英社新書、二〇一六年）。

＊4　二〇二〇年度用高校国語教科書では、以下の教材が採用されている。教材名の次の数字は採録教科書の数を示す。「ホンモノのおカネの作り方」5（第一学習社『改訂版高等学校新訂国語総合』、東京書籍『新編現代文B』、明治書院『現代文B［改訂版］』、三省堂『現代文B［改訂版］』、筑摩書房『国語総合改訂版』）。「マルジャーナの知恵」5（明治書院『新精選国語総合』『新高等学校国語総合』、三省堂『高等学校国語総合　現代文編［改訂版］』、筑摩書房『精選国語総合改訂版　現代文編』）。「未来世代への責任」2（第一学習社『改訂版現代文B』、数研出版『現代文B』）。「広告の形而上学」2（東京書籍『国語総合　現代文編』、筑摩書房『現代文B改訂版』）。「貨幣共同体」1（筑摩書房『精選現代文B改訂版』）。

＊5　石原千秋『教養としての大学受験国語』（ちくま新書、二〇〇〇年）。

＊6　水原克敏・髙田文子・遠藤宏美・八木美保子『新訂　学習指導要領は国民形成の設計書　その能力観と

人間像の歴史的変遷』(東北大学出版会、二〇一八年)。
＊7　紅野謙介『国語教育　混迷する改革』(ちくま新書、二〇二〇年)。
＊8　坂東智子「高等学校における「現代国語」創設の意義」(『山口大学教育学部研究論叢』二〇一五年一月)は、科目「現代国語」が、(受験対策等の理由で)実質的に古文の学習に特化してしまっていた従来の高校国語に、現代文的な内容を本格的に導入する目的で創設されたとする。
＊9　新保良明「世界史教科書と教科書検定制度」(長谷川修一・小澤実編『歴史学者と読む高校世界史　教科書記述の舞台裏』勁草書房、二〇一八年)。
＊10　清水良典「「高ため」のプリンシプルから「非文学」に抗して」(紅野謙介編『どうする？どうなる？これからの「国語」教育　大学入学共通テストと新学習指導要領をめぐる12の提言』幻戯書房、二〇一九年)。
＊11　日比嘉高「高校国語科の曲がり角　新学習指導要領の能力伸長主義、実社会、移民時代の文化ナショナリズム」(『現代思想』二〇一九年五月)。
＊12　注7、紅野前掲書。
＊13　大滝一登『高校国語　新学習指導要領をふまえた授業づくり　理論編』(明治書院、二〇一八年)。
＊14　前任校の大妻女子大学でわたしが参加した初年次教育プログラムの内容と実践は以下で報告した。五味渕典嗣・木戸雄一・倉住薫・小井土守敏「日本文学科「基礎ゼミⅠ」の試み」(『人間生活文化研究』二〇一五年九月)。
＊15　注13、大滝前掲書。
＊16　小森陽一『コモリくん、ニホン語に出会う』(角川文庫、二〇一七年)。
＊17　安藤宏、大滝一登「高校の国語、文学を軽視？　2022年度からの新指導要領に懸念」(『朝日新聞』二〇一九年一〇月四日)。
＊18　紅野謙介『国語教育の危機　大学入学共通テストと新学習指導要領』(ちくま新書、二〇一九年)。

第2章

＊1　ローレンス・グロスバーグ（甲斐聰訳）「ポスト・モダニズムと節合について　スチュアート・ホールとのインタビュー」（『現代思想臨時増刊　スチュアート・ホール　増補新版』二〇一四年四月）。

＊2　Society 5.0に向けた人材育成に係る大臣懇談会・新たな時代を豊かに生きる力の育成に関する省内タスクフォース「Society 5.0に向けた人材育成〜社会が変わる、学びが変わる〜」（文科省ウェブサイト、https://www.mext.go.jp/component/a_menu/other/detail/__icsFiles/afieldfile/2018/06/06/1405844_002.pdf）。

＊3　無署名「国立大、全学部でＡＩ教育　文科省が改革方針」（『日本経済新聞』二〇一九年六月一八日）。

＊4　中央教育審議会初等中等教育分科会「新しい時代の高等学校教育の在り方ワーキンググループ」（文科省ウェブサイト、https://www.mext.go.jp/b_menu/shingi/chukyo/chukyo3/084/index.htm）を参照。

＊5　大滝一登・高木展郎編著『高校の国語授業はこう変わる』（三省堂、二〇一八年）。

＊6　小倉利丸「デジタル監視社会としてのSociety 5.0批判」（https://www.alt-movements.org/no_more_capital-ism/blog/2019/07/04/society50hihan/）。だが、一方で注意すべきは、独・米・中各国のプランが、基本的には製造業を中心とする産業分野の革新として構想されていることだ。日立東大ラボ『Society 5.0　人間中心の超スマート社会』（日本経済新聞出版社、二〇一八年）では、ドイツと日本の構想は、トップダウン型でＡＩやビッグデータ解析技術の導入を図る面で共通しているが、日本の「Society 5.0」は「社会全般を強く意識している」点に特徴がある、と述べている。

＊7　日本経済団体連合会『Society 5.0　ともに創造する未来』（二〇一八年一一月一三日発表。経団連ウェブサイト、https://www.keidanren.or.jp/policy/2018/095.html）。

＊8　「科学技術統合イノベーション戦略2017」（二〇一七年六月二日閣議決定。内閣府ウェブサイト、https://www8.cao.go.jp/cstp/sogosenryaku/2017/gaiyo2017.pdf）。

＊9　「Society 5.0」（内閣府ウェブサイト、https://www8.cao.go.jp/cstp/society5_0/）。

＊10　ジョン・アーリ（吉原直樹、高橋雅也、大塚彩美訳）『〈未来像〉の未来　未来の予測と創造の社会学』（作

品社、二〇一九年)。

＊11　注6、小倉前掲論文。

＊12　児美川孝一郎「Society 5.0と高校教育の「融解」」(『高校生活指導』二〇一九年九月)。なお、別のインタビュー記事で児美川は、経済産業省内の「未来の教育とedTech研究会」と文科省の政策の拮抗を指摘、経産省主導の「国策」に表立って反対はできないが、公教育の完全な市場化という方向性に舵を切ることは認められない文科省のジレンマを看取している(「産業界・財界の欲望が教育に持ち込まれる——Society 5.0は何をもたらすのか」(『前衛』二〇一九年一二月)。

＊13　注2、前掲「Society 5.0に向けた人材育成〜社会が変わる、学びが変わる〜」。

＊14　横井敏郎「「Society 5.0」に迫られる高校」(『教育』二〇一九年一一月)。

＊15　宇野絹子「通信制大学院における修了に向けての課題　ピアサポートとe-learningの志向についての調査」(『佛教大学教育学部学会紀要』、二〇〇八年三月)、富田秀典「eラーニングの現状」(『佛教大学総合研究所紀要』二〇〇四年三月)などを参照。

＊16　髙木展郎『評価が変わる、授業を変える　資質・能力を育てるカリキュラム・マネジメントとアセスメントとしての評価』(三省堂、二〇一九年)。大滝一登・幸田国広編『変わる！　高校国語の新しい理論と実践　「資質・能力」の確実な育成をめざして』(大修館書店、二〇一六年)の巻末に掲げられた「主要キーワード解説」には、「資質・能力に着目した教育課程は、ＯＥＣＤのDeSeCoプロジェクトをはじめとして世界的な潮流となっている」という記述がある。

＊17　奈良勝行「ＯＥＣＤコンピテンシー概念の分析と一面的「ＰＩＳＡ型学力」の問題点」(『和光大学現代人間学部紀要』、二〇一〇年三月)。

＊18　松下佳代「〈新しい能力〉概念と教育——その背景と系譜」(松下編『〈新しい能力〉は教育を変えるか——学力・リテラシー・コンピテンシー』ミネルヴァ書房、二〇一〇年)。

＊19　藤井穂高「ＯＥＣＤのキー・コンピテンシーの理論的根拠に関する一考察——「３つのカテゴリー」に

焦点を当てて――」（『筑波大学教育学系論集』二〇一七年一〇月）。

＊20 日比嘉高「高校国語科の曲がり角　新学習指導要領の能力伸長主義、実社会、移民時代の文化ナショナリズム」（『現代思想』二〇一九年五月）。

＊21 山下直「義務教育との接続について」（大滝一登編『高校国語　新学習指導要領をふまえた授業づくり　実践編』明治書院、二〇一九年）。

＊22 杉原真晃「〈新しい能力〉と教養――高等教育の質保証の中で」（松下編『〈新しい能力〉は教育を変えるか――学力・リテラシー・コンピテンシー』）。

＊23 紅野謙介は、この「資質・能力」という語が、二〇〇六年の教育基本法改定以降に頻出することを指摘したうえで、この語を用いることで、本来は「先天的な性質や才能」を意味する「資質」でさえも操作できるかのような空想的な万能感が生まれてしまっている、と論じる（紅野『国語教育　混迷する改革』ちくま新書、二〇二〇年）。

＊24 注18、松下前掲論文。

＊25 大滝一登編『高校国語　新学習指導要領をふまえた授業づくり　理論編』（明治書院、二〇一八年）。

＊26 佐藤郁哉『大学改革の迷走』（ちくま新書、二〇一九年）。

＊27 先述の教育再生実行会議第11次提言では、全国の普通科高校を四つの類型（キャリアデザイン重視、グローバルリーダー育成、サイエンスイノベーター育成、地域課題解決重視）に区分、各学校が「生徒受け入れに関する方針、教育課程編成・実施に関する方針、修了認定に関する方針」を定めるべき、とされた。明らかに後者は、大学段階でアドミッションポリシー、カリキュラムポリシー、ディプロマポリシーという用語で表現されているものの焼き直しである。大学で「実績」のある競争と文書主義による統制が、高校「改革」に持ち込まれようとしていることは明らかだ。この問題については、注12の児美川「産業界・財界の欲望が教育に持ち込まれる――Society 5.0は何をもたらすのか」を参照。

＊28 注16、高木前掲書。

＊29　注23、紅野前掲書。
＊30　注16、髙木前掲書。
＊31　デヴィッド・グレーバー（酒井隆史訳）『官僚制のユートピア　テクノロジー、構造的愚かさ、リベラリズムの鉄則』（以文社、二〇一七年）。
＊32　注31、グレーバー前掲書。
＊33　注31、グレーバー前掲書。
＊34　広田照幸『教育不信と教育依存の時代』（紀伊國屋書店、二〇〇五年）。

第3章

＊1　文部科学省「読解力向上プログラム」（二〇〇五年一二月、https://www.mext.go.jp/a_menu/shotou/gakuryoku/siryo/05122201/014/005.htm）。
＊2　保坂治朗「『校史』基本資料」（Ⅰ〜Ⅴ）（『教育・研究』二〇〇二年三月—二〇〇六年三月）。
＊3　福田亮雄「課題図書の試み」（『国語通信』一九九七年九月）
＊4　注2、保阪前掲論文。
＊5　注3、福田前掲論文。
＊6　広田照幸『思考のフロンティア　教育』（岩波書店、二〇〇四年）
＊7　石原千秋『国語教科書の思想』（ちくま新書、二〇〇五年）、岩川直樹「学力調査の本質　誤読／誤用されるPISA報告」（『世界』二〇〇五年五月）。
＊8　小林大祐「PISAのリテラシー概念をめぐる短章　速報的段階のあとに来るべき公論のために」（『人間と教育』二〇〇五年九月）。
＊9　矢内忠「中教審ではいま、何が議論されているのか」（『総合教育技術』二〇〇五年一二月）。
＊10　岩川直樹は、PISA調査が前提とする学力把握それ自体が、現在の日本の「学力低下」論争において

提起されているそれとは相容れない、という議論を展開している。注7、岩川前掲論文。

＊11　文化審議会答申「これからの時代に求められる国語力について」(二〇〇四年二月三日、https://www.mext.go.jp/b_menu/shingi/bunka/toushin/04020301/015.pdf)。

＊12　紅野謙介「〈コミュ力不安〉という病に憑かれた「センター入試改革」の危うさ」(『現代ビジネス』二〇一八年一二月一八日、https://gendai.ismedia.jp/articles/-/58943)。

＊13　小渕内閣・森内閣のもとで開催された「教育改革国民会議」報告は、「小・中学校では二週間、高校では一か月間、共同生活などによる奉仕活動を行う。その具体的な内容や実施方法については、子どもの成長段階などに応じて各学校の工夫によるものとする。」と提案する(http://www.kantei.go.jp/jp/kyouiku/houkoku/1222report.html)。この「国民会議」での議論・論点は、その多くが、安倍内閣における「教育再生会議」に引き継がれている。

＊14　千田洋幸『テクストと教育　「読むこと」の変革のために』(溪水社、二〇〇九年)。

＊15　佐藤泉『国語教科書の戦後史』(勁草書房、二〇〇六年)。佐藤は、二〇〇二年度実施の学習指導要領〈国語科〉が、「話す」「聞く」という項目を重点化させたことについて、「新しい「国語科」の提唱するコンテクストの言語学とは、発話の場面において想定外の「他者」とならないように振る舞うことを話者に期待しつつ、そこからさらに発話の場から予測不可能性、他者性を、周到に抹消する」方向に向かっている、と指摘している。

第4章

＊1　花田俊典「教科書に載る小説、載らない小説　芥川龍之介「羅生門」と山田詠美「ぼくは勉強ができない」」(『九大日文』二〇〇四年四月)。

＊2　高橋広満「定番を求める心」(『漱石研究』一九九六年五月)。

＊3　阿武泉監修『読んでおきたい名著案内　教科書掲載作品 13000』(日外アソシエーツ、二〇〇九年)。こ

の書物は、高校国語の教科書教材について、「古典から現代文までの教科書掲載作品約一三〇〇〇点を、戦後六〇年を縦断して、作家別に一覧できる日本で最初の書籍」(「序」)として作られた、たいへんな労作である。同じコンセプトの『読んでおきたい名著案内　教科書掲載作品　小・中学校編』(日外アソシエーツ、二〇〇八年)と合わせ、この問題を考える上で必須のアイテムである。

＊4　石原千秋『国語教科書の思想』(ちくま新書、二〇〇五年)。

＊5　イルマ・ラクーザ(山口裕之訳)『ラングザマー　世界文学でたどる旅』(共和国、二〇一六年)。

＊6　佐藤泉『ＮＨＫ文化セミナー　明治文学を読む　夏目漱石　片付かない物語』(日本放送出版協会、二〇〇〇年)。

＊7　この点については、篠崎美生子の「老婆も女も薪売りも、さまざまな禁忌を侵しているようで、実は、貨幣経済の枠からはみ出さない存在だった」という指摘を参照した(『弱い「内面」の陥穽　芥川龍之介から見た日本近代文学』翰林書房、二〇一七年)。

＊8　小谷瑛輔『小説とは何か？　芥川龍之介を読む』(ひつじ書房、二〇一七年)。

＊9　高山実佐「『こころ』の授業再考」(『日本語学』二〇〇四年七月)。野中潤は、初めて「下　先生の遺書」を抄録した一九六三年刊行の筑摩書房『現代国語二』が、「他の教科書会社が『こころ』を採録する際の範型」となった、とする(「敗戦後文学としての『こころ』――漱石と教科書」『現代文学史研究』二〇〇四年五月)。

＊10　伊藤氏貴「こころの教え方――高等学校教科書教材としての『こころ』の学習目標――」(『文芸研究』二〇一〇年三月)。

＊11　藤井淑禎「甦る「こころ」　昭和三十八年の読者と社会」(有精堂編集部編『日本文学史を読むⅤ　近代Ⅰ』(有精堂出版、一九九二年)。

＊12　小森陽一「「私」という〈他者〉性――『こゝろ』をめぐるオートクリティック――」(『文学』(季刊)一九九二年一〇月)。

＊13　中山昭彦「闘争する表象空間――『こころ』論」（『漱石研究』一九九六年五月）。
＊14　大野亮司「読む・書く・死ぬ――夏目漱石『こゝろ』のオペレーション――」（『日本近代文学』二〇〇〇年五月）。
＊15　松沢和宏「沈黙するK――『こゝろ』の生成論的読解の試み――」（『文学』（季刊）一九九三年七月）。
＊16　樫村愛子『ラカン派社会学入門　現代社会の危機における臨床社会学』（世織書房、一九九八年）。
＊17　注16、樫村前掲書。
＊18　石原千秋『『こころ』で読みなおす漱石文学　大人になれなかった先生』（朝日文庫、二〇一三年）。
＊19　注18、石原前掲書。
＊20　佐藤泉「「こころ」の時代の特異な正典」（『国文学』二〇〇六年三月）。
＊21　古田尚行『国語の授業の作り方　はじめての授業マニュアル』（文学通信、二〇一八年）。
＊22　ポール・ド＝マン（大河内昌・富山太佳夫訳）『理論への抵抗』（国文社、一九九二年）。

第5章

＊1　ヴァルター・ベンヤミン（浅井健二郎訳）「経験と貧困」（『ベンヤミン・コレクション2　エッセイの思想』ちくま学芸文庫、一九九六年）。
＊2　佐藤泉「「である」ことと「主婦する」こと」（『ユリイカ』二〇〇六年九月）。
＊3　紅野謙介「「国語」改革における多様性の排除　教材アンソロジーの意義」（『現代思想』二〇一九年五月）。
＊4　丸山真男「あとがき」（『日本の思想』岩波新書、一九六一年）。ちなみに、『毎日新聞』掲載時は「現代文明についての一試論」というタイトルで、各回ごとに「である」論理と「する」論理」「指導者と制度の良し悪し」「最近の政治的事例から」「戦後文化の問題性」という見出しが付されていた。基本的な内容は『日本の思想』版とほぼ同じだが、文体が常体となっている他、小見出しの位置と内容が異なっている。
＊5　関口佳美「丸山真男「『である』ことと『する』こと」の教材史」（『国語教育史研究』二〇〇四年一二月）。

＊6　石井要「教科書の中の丸山眞男――「「である」ことと「する」こと」の教材観史――」（『国語教育史研究』二〇一七年三月）。
＊7　注6、石井前掲論文。
＊8　注6、石井前掲論文。
＊9　宮村治雄『丸山真男『日本の思想』精読』（岩波現代文庫、二〇〇一年）。
＊10　注9、宮村前掲書。
＊11　沢田允茂『考え方の論理』（講談社学術文庫、一九七六年）。
＊12　注2、佐藤前掲論文。

第6章

＊1　デヴィッド・グレーバー（酒井隆史訳）『官僚制のユートピア　テクノロジー、構造的愚かさ、リベラリズムの鉄則』（以文社、二〇一七年）。
＊2　戦時体制期の出版用紙統制については、五味渕「紙の支配と紙による支配――《出版新体制》と権力の表象」（『Intelligence』二〇一二年三月）を参照。また、戦時体制期の旧改造社資料から見えてくる問題については、五味渕「社内文書は何を語るか――『改造社出版関係資料』への一視点――」（『大妻国文』二〇一一年三月）でも言及した。
＊3　このような事情は、日本の戦時体制が構造的に「ブルシット・ジョブ」的な業務を生み出していた可能性を示唆する（デヴィッド・グレーバー（酒井隆史・芳賀達彦・森田和樹訳）『ブルシット・ジョブ　クソどうでもいい仕事の理論』岩波書店、二〇二〇年）。しかし、一方で注意すべきは、その仕事が誰の・どんな立場から見たときに「どうでもいい仕事」であるか、ということだ。戦時体制期における帝国日本の官僚的なシステムの肥大化については、陸海両軍の対立をはじめ、セクショナリズムと非効率性がしばしば問題化されてきた。しかし、それは戦争を遂行する権力の側から見た指摘に他ならない。システムに

包摂された知識人・知識労働者の側にとっては、一見不必要なものとも思えるペーパーワークをつくり出していくことが、ある種の生存戦略だったとも考えられる。

＊4　独立行政法人大学入試センター「「大学入学共通テスト（仮称）」記述式問題のモデル問題例」（二〇一七年五月、https://www.dnc.ac.jp/albums/abm00009385.pdf）。

＊5　紅野謙介『国語教育の危機　大学入学共通テストと新学習指導要領』（ちくま新書、二〇二〇年）、『国語教育　混迷する改革』（ちくま新書、二〇二〇年）。

＊6　日比嘉高「「国語」における「資質・能力」とは何か――「文学／国語」の検討から――」（二〇二〇年度日本近代文学会東海支部シンポジウム「文学国語を使い倒す」での口頭発表、二〇二一年一月二四日）。

＊7　野口雅弘『忖度と官僚制の政治学』（青土社、二〇一八年）。

＊8　礒崎陽輔『分かりやすい公用文の書き方［改訂版（増補）］』（ぎょうせい、二〇一八年）。

＊9　注7、野口前掲書。

＊10　ミシェル・フーコー（中山元訳）「批判とは何か――批判と啓蒙」（『わたしは花火師です　フーコーは語る』ちくま学芸文庫、二〇〇八年）。

＊11　注10、フーコー前掲論文。

＊12　千葉雅也「文学が契約書になり、契約書が文学になる」（『文學界』二〇一九年九月号）。

＊13　大滝一登「新学習指導要領国語はこう変わる」（大滝・髙木展郎編『高校の国語授業はこう変わる』三省堂、二〇一六年）。

＊14　髙木展郎「「国語総合」から必履修科目「現代の国語」と「言語文化」への変更の意味」（『日本語学』二〇一九年九月）。

＊15　スーザン・ソンタグ（北條文緒訳）『他者の苦痛へのまなざし』（みすず書房、二〇〇三年）、ジュディス・バトラー（清水晶子訳）『戦争の枠組　生はいつ嘆きうるものであるのか』（筑摩書房、二〇一二年）。

＊16　佐藤泉『国語教科書の戦後史』（勁草書房、二〇〇六年）。

＊17　大山顕「1000作品以上集めてわかった「マンションポエム」に隠された〝ワナ〟」（文春オンライン、二〇一八年一二月一八日、https://bunshun.jp/articles/_/10004）。

＊18　黒田大河「新・高等学校学習指導要領（国語編）における小説教材の可能性」（『樟蔭教職研究』二〇二〇年一月）。

＊19　注5、紅野『国語教育　混迷する改革』。

＊20　阿部公彦「「論理的な文章」って何だろう？――「社会で使える言葉」を再考する」（紅野謙介編『どうする？どうなる？これからの「国語」教育』幻戯書房、二〇一九年）。

＊21　跡上史郎「「判断力」の危機――学習者の意思決定におけるヒューリスティクス」（紅野編『どうする？どうなる？これからの国語教育』）。

＊22　千野帽子『人はなぜ物語を求めるのか』（ちくまプリマー新書、二〇一七年）。

＊23　ロラン・バルト（下沢和義訳）『ロラン・バルト著作集3　現代社会の神話』（みすず書房、二〇〇五年）、バルト（佐藤信夫訳）『モードの体系――その言語表現による記号学的分析』（みすず書房、一九七二年）。『現代社会の神話』は、かつて『神話作用』（篠沢秀夫訳、一九六七年）として翻訳されていた。

＊24　注5、紅野『国語教育　混迷する改革』。

＊25　マルクス、エンゲルス（廣松渉編訳、小林昌人補訳）『ドイツ・イデオロギー』（岩波文庫、二〇〇二年）。

＊26　ポール・ド＝マン（大河内昌・富山太佳夫訳）『理論への抵抗』（国文社、一九九二年）。

＊27　注26、ド＝マン前掲書。

著者　五味渕典嗣（ごみぶち・のりつぐ）

1973年、栃木県生まれ。早稲田大学教育・総合科学学術院教授。慶應義塾大学大学院文学研究科国文学専攻博士後期課程単位取得退学。博士（文学）。専門は、近現代日本語文学・文化研究。単著に、『プロパガンダの文学――日中戦争下の表現者たち』（共和国、2018）、『言葉を食べる――谷崎潤一郎、1920～1931』（世織書房、2009）、共編著に『ちくま評論文の論点21』（筑摩書房、2020）、『漱石辞典』（翰林書房、2017）、『谷崎潤一郎読本』（翰林書房、2016）などがある。筑摩書房版高校国語教科書の編集委員も務める。

「国語の時間」と対話する
教室から考える

2021年4月 9 日　第1刷発行
2022年4月28日　第2刷発行

著者　　五味渕典嗣
発行者　清水一人
発行所　青土社
〒101-0051　東京都千代田区神田神保町1-29 市瀬ビル
［電話］03-3291-9831（編集）　03-3294-7829（営業）
［振替］00190-7-192955

印刷・製本　双文社印刷
装幀　　　　山田和寛（nipponia）

ISBN978-4-7917-7370-1　C0037